快乐妈咪

养出聪明脑

妈妈必知的胎教早教全书

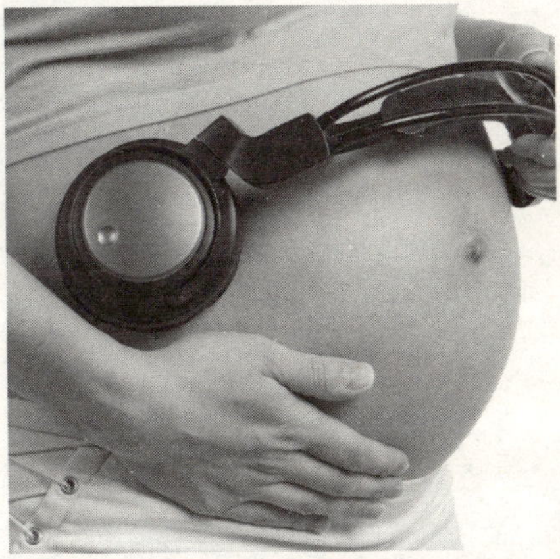

杨颖◎主编

首都儿科研究所附属儿童医院

儿科护理主管护师

新时代出版社

New Times Press

图书在版编目（CIP）数据

妈妈必知的胎教早教全书 / 王玉楼编著. -- 北京 ：新时代出版社，2014.6

（快乐妈咪）

ISBN 978-7-5042-2204-6

Ⅰ. ①妈… Ⅱ. ①王… Ⅲ. ①胎教－基本知识②早期教育－基本知识 Ⅳ. ①G61

中国版本图书馆CIP数据核字(2014)第114886号

新时代出版社 出版发行

（北京市海淀区紫竹院南路23号 邮政编码100048）

北京嘉恒彩色印刷有限公司印刷

新华书店经售

*

开本 710×1000 1/16 **印张**13 **字数** 220千字

2014年6月第1版第1次印刷 印数 1-5000册 **定价** 32.00元

(本书如有印装错误，我社负责调换)

国防书店：（010）88540777　　发行邮购：（010）88540776

发行传真：（010）88540755　　发行业务：（010）88540717

前言

Foreword

现代社会，优生、优育、优教逐渐提高到一个新的水平，注入了许多新的内容。父母和家庭成员对孩子潜移默化的教育是在日常生活中自然进行的，当然也是非常重要的。家长需要掌握科学的、专业的胎教育儿、护理等常识，以便更了解自己的宝宝。

10 个月的孕育时间，以及之前的准备时间，孕育一个健康聪明的好宝宝已经不是一件很轻松的事情。好不容易等到宝宝降生，新手父母面对这个幼小的生命，开心激动的同时，各种棘手问题也会接踵而至。怎样做好新生儿的日常护理？如何进行母乳喂养？宝宝常见病的预防与护理？产后妈妈恢复身材的秘诀？一系列问题困扰着新手父母。

前言
Foreword

备孕期间，很多未准爸妈有很多疑虑；怀孕期间，又会对宝宝的胎教以及孕妈妈自身的营养饮食发愁；宝宝出生后很多年轻爸妈由于缺乏经验，常常在育儿过程中因遇到诸多问题而不知所措，而宝宝就像一株娇嫩的幼苗，需要精心地呵护和培育，养育一个健康聪明的孩子，是普天下所有爸爸妈妈的心愿。十月怀胎，一朝分娩，每一位妈妈都会为此感到欣喜、幸福。然而从宝宝呱呱坠地开始，怎样才能让宝宝正常发育、健康成长，这一严峻的问题，伴随着宝宝的一举一动、一哭一笑，无时无刻不牵动着爸爸妈妈的心，宝宝的每一点变化都备受关注。

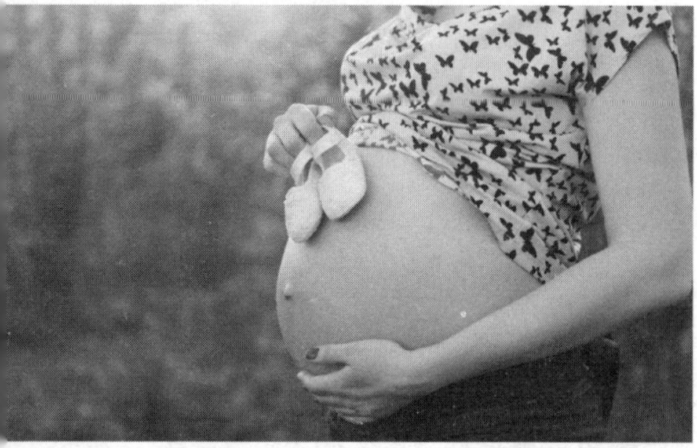

本套书针对大家迫切需要了解的备孕助孕常识、孕期营养常识、育儿知识进行了深入的解析，知识点科学实用，内容丰富，涵盖面广泛，资料翔实，以便每一位新手父母都能从本书学到科学、专业的孕产育儿知识，真正有效地帮助到每一位家长。

本套图书将备孕期、孕期、育儿期、产后恢复期可能遇到的各种问题系统化地呈现在读者面前，让读者能轻松掌握重点，增加孕育乐趣。让宝宝快乐、健康、聪明、优秀的成长。我们共同努力，从宝宝诞生的那一刻开始，成就宝宝美好的未来！

Contents

Part 1

宝宝胎教计划书：胎教进行时——胎教从现在开始 | 1

加强锻炼有利于养胎优孕 | 2
成功胎教还要立足于胎养 | 3
孕前养胎从饮食营养开始 | 4
孕前，准爸妈要改掉的习惯 | 5
准爸妈生活要有规律 | 6
孕前 6 个月的养胎计划 | 7
什么是情绪胎教 | 9
什么是营养胎教 | 10
什么是环境胎教 | 12
什么是音乐胎教 | 14
什么是语言胎教 | 16
什么是运动胎教 | 17
什么是抚摸胎教 | 18
什么是光照胎教 | 19
什么是美育胎教 | 20
母爱是胎教的开端 | 22

Part 2

语言胎教进行时：语言——父母与宝宝的第一次亲密接触 | 23

进行语言胎教的最佳时间 | 24
进行语言胎教的具体方法 | 25
语言胎教具体如何操作 | 27
轻松找出和宝宝的谈话内容 | 28
给宝宝讲故事、看画册、数数 | 29
语言胎教：精选 30 个胎教小故事 | 30
语言胎教：精选 30 个胎教童谣 | 50
适宜阅读的胎教美文：泰戈尔 | 55
适宜阅读的胎教美文：冰心 | 56
适宜阅读的胎教美文：纪伯伦 | 59

Part 3

情绪胎教进行时：宝宝好性格，从这里开始 | 61

情绪胎教的定义 | 62

情绪胎教的重要性及影响 | 62

孕妈妈应避免的不良情绪胎教 | 63

父母该怎样做好情绪胎教 | 64

准爸爸的情绪胎教 | 65

根据胎教训练胎儿性格 | 66

妈妈快乐，宝宝快乐 | 68

腹式呼吸与情绪舒缓 | 69

幻想胎宝宝可爱的模样 | 70

准妈妈摆脱负面情绪的方法 | 71

准妈妈开始呕吐，情绪不稳定 | 72

准妈妈情感类型 | 73

准妈妈孕期全程的心理与胎教 | 74

胎教时保持良好的心理状态 | 75

准爸爸要稳定妻子的情绪 | 76

胎宝宝也有"小脾气" | 77

准妈妈选对情绪工具 | 78

让胎宝宝开心的好方法 | 79

Part 4

营养胎教进行时：最简单、有效的"食"现好宝宝 | 81

营养胎教对胎宝宝的帮助 | 82

营养胎教对妈妈的帮助 | 82

如何做好营养胎教 | 83

营养胎教让宝宝生来爱蔬菜 | 85

营养胎教培养宝宝健康饮食习惯 | 86

孕早期的营养胎教 | 88

早孕反应处置不当影响胎宝宝智力 | 89

孕中期的营养胎教 | 90

孕中期：补充营养的最佳时期 | 92

抓紧饮食补充铁、蛋白质和钙质 | 95

孕晚期的营养胎教 | 97

营养胎教百味屋：最佳补脑食品 | 97

通过子宫传递味道 | 99

孕早期不适有办法 | 100

孕早期孕妈妈开胃营养餐 | 101

孕中期孕妈妈加固营养餐 | 105

孕晚期孕妈妈冲刺营养餐 | 109

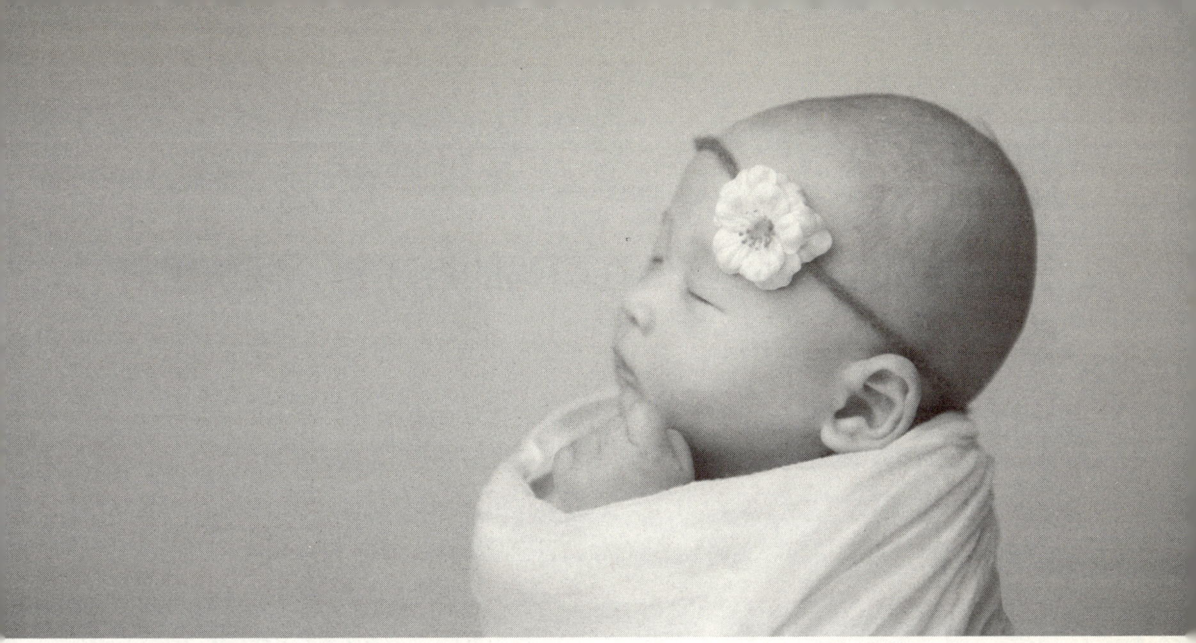

Part 5

运动胎教进行时：和宝宝一起，运动起来 | 115

运动胎教的最佳时间 | 116
运动胎教有什么好处 | 116
运动胎教的方法 | 116
怎样训练胎儿运动功能 | 121
运动胎教不能做的运动 | 121
运动会损伤胎儿吗 | 121
运动胎教需要注意什么 | 122
运动胎教每次不要超过 10 分钟 | 123
步行是最好的运动胎教方式 | 124
针对孕早期的运动胎教 | 125
动出健康胎宝宝 | 125
准妈妈，动起来！开始做准妈妈操 | 126
胎宝宝，动起来！开始做操喽 | 127
对胎宝宝进行宫内运动训练 | 128
怀孕中期的运动胎教 | 129
帮助胎宝宝做体操 | 129
孕早期：和胎宝宝一起做游戏 | 130
准妈妈、胎宝宝一起做运动 | 131
准妈妈徒手操帮助胎宝宝肢体活动 | 132
孕中期：和胎宝宝一起做游戏 | 133
良好的睡眠及勤做腹式呼吸 | 134
孕晚期的运动胎教 | 135
胎宝宝需要适当的运动刺激 | 136
孕早期胎教运动操范例 | 136
孕中期胎教运动操范例 | 139
孕晚期胎教运动操范例 | 142
孕早期准妈妈保健运动操范例 | 144
孕中期准妈妈保健运动操范例 | 148
孕晚期准妈妈保健运动操范例 | 150

Part 6

音乐胎教进行时：依偎在妈妈的肚子里，倾听世界的声音 | 153

音乐胎教的作用 | 154

音乐胎教的方法 | 156

音乐胎教的基本要求 | 156

音乐胎教的具体方法 | 156

胎教音乐什么时候听 | 158

音乐胎教注意事项 | 159

适合胎教的音乐 | 161

音乐胎教的触动 | 162

给胎宝宝良好的声音刺激 | 163

胎儿对声音的反应 | 164

胎教效果取决于音乐的种类 | 165

在音乐中长大的胎宝宝 | 166

准爸爸选好胎教音乐 | 167

胎宝宝听音乐促进早期神经细胞生长 | 168

古典音乐更适合作为胎教音乐 | 169

莫扎特胎教音乐 | 170

胎教音乐精选 100 首 | 171

分时段胎教音乐推荐 | 175

Part 7

斯瑟蒂克早教 0 ~ 6 个月：告诉你最行之有效的早教方法 | 177

0 ~ 1 个月：给宝宝的第一堂训练课 | 178

1 ~ 2 个月：循序渐进，耐心训练 | 181

2 ~ 3 个月：让宝宝动起来 | 184

3 ~ 4 个月：让宝宝每天进步一点点 | 187

4 ~ 5 个月：感知丰富多彩的世界 | 190

5 ~ 6 个月：让宝宝接受更多的刺激 | 195

Part1

宝宝胎教
计划书

胎教进行时——胎教从现在开始

加强锻炼有利于养胎优孕

锻炼增强准爸妈身体功能

准爸爸在准备要孩子前进行适宜的体育锻炼，可以让自己精力充沛、代谢旺盛，使得雄性激素的分泌大量增加，生精过程亦明显加快，加之性腺的代谢功能得到提高，可以促使精子细胞成熟和活力增强，为受精卵的形成提供大量健康合格的精子。

一旦受精卵形成，整个胎宝宝的生长发育过程都与准妈妈的健康息息相关，准妈妈身体功能的健康状态对优生就更为重要了。准妈妈在受孕前必须使自身机体及功能都得到改善，以适应十月怀胎对机体所产生的各种影响。孕前体育锻炼还可调节准爸妈的心理状态，以治疗某些精神性不孕症，如功能性性功能障碍等。尤其对于长期从事脑力劳动的准爸妈，孕前体育锻炼可使他们的神经系统从高度紧张的状态中得到调节放松，缓解焦虑紧张，从而增加受孕机会。

锻炼有利于准妈妈优孕

锻炼能提高准妈妈孕前各种性激素，如促卵泡激素、黄体生成素、雌激素、孕激素及泌乳素等分泌增加，使得卵巢、子宫、乳房等性器官的功能发生一系列的变化，为胚胎组织的生长和发育提供良好的基础；锻炼能改善准妈妈的心肺功能，有助于胎宝宝发育所需的各种营养素的输送，为胎宝宝的生长发育提供保障；锻炼还能增强准妈妈的肌肉系统功能，可以防止诸如胎位不正、难产等并发症，减少产伤对新生儿的危害。总之，锻炼是优孕的必要保证。

成功胎教还要立足于胎养

养护好胎前环境，保证精子、卵细胞质量

胎前环境对胎宝宝发育的影响，可以追溯到精子和卵细胞结合之时乃至结合之前的品质，是夫妇准备孕育宝宝之前的精子和卵细胞的生成环境，它决定了精子和卵细胞的质量。

精子和卵细胞的质量决定了孩子是否健康、聪明。对于精子而言，足够的数量是保证受孕成功的前提，其质量或活力更是良好受孕的条件；对于卵细胞而言，其质量首先取决于能否在卵巢内健全发育，又能否顺利通过输卵管。

为了确保有高质量的精子，并且能受精成功，必须把减少精子数量、降低精子质量的不利因素降到最低。这就要求丈夫必须远离污染的环境，避免与有害物质接触，戒除烟酒等不良嗜好，及时治疗生殖器官疾病等。为了确保卵细胞能健全发育并顺利排出，以迎接精子的到来并成功受孕，妻子必须尽早对已有的妇科疾病进行治疗，同时，也要避免环境污染、职业因素及不良嗜好的影响。

养护好胎内环境，孕育一个健康的宝宝

高质量的精子、卵细胞为生育聪明健康的孩子提供了可能，但要把这种可能变为现实，还需要良好的胎内环境，这是胎养的最终目的。

所谓胎内环境，是指怀孕后受精卵进入子宫继续生长发育成胎宝宝的全部条件，包括胎宝宝本身的发育情况和母体身心变化情况等。它是胎宝宝赖以生存的母体身体状况、营养状态等构成的生活环境；准妈妈精神和意识活动所构成的胎宝宝的心理环境；准妈妈伴随着情绪的波动而产生的体内激素的改变所构成的胎宝宝的生物、化学环境；准妈妈的心跳声、肠胃的蠕动声所构成的胎宝宝在母体内的物理环境。

由于胎宝宝在母体子宫内不能主动获取营养、选择环境，它只能被动地生活，需要母体的帮助而生长，因此，准妈妈本身的健康状况、情绪变化、生活习惯、行为方式等都将对胎宝宝产生直接或间接的影响。这就不仅要求准妈妈要有合

理营养的膳食，还要有良好的心境，以及健康的生活方式，并注重避免有害物质的侵入，给胎宝宝创造一个安全、营养、温馨的生长空间。

孕前养胎从饮食营养开始

养成良好的饮食习惯

每一个准备做父母的人都要养成良好的饮食习惯。女性在孕前所食用的食物种类要杂、要多，宜粗少细，要多吃原汁原味的无污染食物，要经常变化食物种类，不要偏食；同时要注意少吃或不吃刺激性食物；要避免食用污染过的食物，重视饮食卫生，尽量选用新鲜天然食品，不要食用含食品添加剂、色素、防腐剂的食物，蔬菜应浸泡数十分钟，瓜果尽量去皮；还要注意不可暴饮暴食，以免影响健康；另外，要特别多吃鱼虾、山药等食物，以增加受孕机会。

多吃能增加精子和卵细胞活力的食品

夫妻双方因精子或卵细胞活力不强而导致怀孕失败的例子较为多见，多吃瘦肉、蛋类、鱼虾、肝脏、豆类及豆制品、海产品、新鲜蔬菜和时令水果等，可以改善精子和卵细胞的某些缺陷，提高受孕概率。选用新鲜、无污染的蔬菜、瓜果，尤其是可以在餐桌上多增加一些野菜和野生食用菌，以避免食用含食品添加剂、色素、防腐剂的食物，让体内产生高质量的精子和卵细胞，以形成优良的胚胎。

提前在体内储存钙和铁等矿物质，并且注意补水

准妈妈在孕前就应该多食用鱼类、牛奶、奶酪、海藻、牛肉、猪肉、鸡蛋、豆类及绿黄色蔬菜等食物，在体内储存丰富的铁和钙，以免怀孕后发生铁和钙的缺乏。准妈妈身体有了充足的水分，可以帮助清除体内的各种代谢毒物如重金属等，增强免疫功能和抗病力，这样便可为胎宝宝提供一个良好的生长发育的内环境。但要注意多喝烧开后自然冷却的水，这样的水具有独特的生物活性，少喝含咖啡因、色素、香精等人工制作的饮料或果汁。

营养补充切勿矫枉过正

如果怀孕后胎儿生长过快，就会增加行动负担，给分娩带来困难。同样地，如果孕前就因饮食失调而造成肥胖，妊娠和产后仍不能恢复，也会给身体健康带来隐患。糖尿病、慢性高血压、血栓性疾病的发病都与营养过剩有密切的关系。所以，准妈妈孕前必须合理地安排好孕前养胎的营养补充。

孕前，准爸妈要改掉的习惯

准爸妈改变吸烟的习惯

如果准妈妈不改变吸烟的坏习惯，怀孕后易发生宫外孕、前置胎盘和胎盘早剥等；同时，烟里的某些有害物质能引起人体内染色体畸变和基因突变，从而造成遗传物质的变化，引起流产、早产、死胎及先天畸形等；而且，准妈妈吸烟还会殃及后代，使新生儿体重偏低、身长短小、头偏小、肺部发育不成熟、体质差，儿童期易患多动症、易受感染，婴儿的病死率较高。吸烟的准妈妈所生的婴儿患先天性心脏病的危险比不吸烟的准妈妈所生婴儿高两倍。而准爸爸如果不改变吸烟的坏习惯，会导致精子畸形，而且对早期胚胎的危害最严重。

准爸妈改变嗜酒的习惯

父母饮酒也像吸烟一样，对胎儿的健康产生严重影响。酒精是男人性能力和生育能力最常见的杀手。因为酗酒不仅会让男人的性能力降低，还可能使精子受到损害，导致精子形态、活力的改变，甚至杀死精子，使精液中精子数目减少，直接影响受孕率以及胚胎的发育。由于饮酒引起的胎宝宝先天畸形称为“胎儿酒精综合征”，生出的宝宝也会智力低下。

准爸妈改变泡澡的习惯

我们知道，男性的精子生成需要较体温低的温度，如果睾丸的温度上升，异常精子的数量就会增加。而男子阴囊位于躯干下方，皮肤有许多皱褶，汗腺也十分发达，并呈悬垂状，这些都有利于睾丸的散热，使阴囊温度永远比体腔内温度低 4℃左右，比体温低 1℃～2℃，这恰恰是最适合精子生成的温度。因此，准爸爸常洗热水澡会造成精子异常，从而造成妻子受孕后胎儿畸形以及不孕症发生率增高的现象。医学界早已证明，准妈妈在怀孕的前 3 个月泡热水澡，可能造成胎儿无脑或脑神经缺陷。即使准妈妈在怀孕中后期，泡热水澡也要视个人体质而定。因为准妈妈的血液循环已和常人不同，在经历冷、热水的过度刺激后，其心脑负荷可能无法像一般人调试得那么好，很可能发生休克、晕眩或虚脱的现象。所以，建议夫妻在准备受孕前采用其他方法替代泡热水澡，比如冲澡、泡脚等。

准爸妈生活要有规律

受孕前要做各种各样的准备，其中很重要的一项就是准爸妈要调整作息时间，使之更加符合健康、自然的生活规律，让双方的身体状况达到良好的状态。

注意充分的休息

人在疲劳或患病的情况下，身体的抵抗能力会下降，体内的各种功能都有所降低，这时精子和卵细胞的质量就会受到影响。一旦身体出现这种状况，就会干扰子宫的内环境，因而不利于受精卵的着床和生长，从而影响胎儿脑神经的发育，甚至导致死胎、流产。所以，准爸妈孕前应该调整作息，注意充分休息，每天睡眠时间不能少于 7 小时，让双方在精神饱满的情况下受孕。

培养良好的作息习惯

胎儿会通过母体来区分白昼和黑夜。胎儿在妈妈的腹中是完全按照妈妈的作息时间“生活”的。所以，准妈妈的作息习惯自然会影响胎宝宝。有事实证明，如果准妈妈生活规律且早睡早起，宝宝出生后就会比其他的小朋友更加活泼健康，可见准妈妈本身正常的作息习惯是多么重要。所以，准妈妈从计划怀孕开始，培养良好的作息习惯，坚持晚间 10 时左右上床，早睡早起，起居有规律。

按时健康进食

每日要按时进食，最好保持定量，不要暴饮暴食，注意饮食健康；膳食结构要合理，不要吃多盐、多糖或加工类食品，以防吸收过多的热量、饱和脂肪酸和胆固醇，从而导致肥胖、高脂血症等疾病的发生；戒除不良嗜好，停止吸烟和过量饮酒，多吃无污染的绿色食品。

进行适宜而有规律的锻炼

准爸妈在计划怀孕前的一段时间内，要进行适宜而有规律的体育锻炼与运动，这样可以确保精子的质量，也可以确保受孕时女性体内激素的平衡与精子的顺利着床，避免怀孕早期发生流产，而且可以促进孕妈妈体内胎儿的发育，增加日后宝宝身体的灵活程度，更可以减轻孕妈妈分娩时的难度和痛苦。

孕前6个月的养胎计划

做全面的健康体检

孕前 6 个月，夫妻要去医院进行一次全面的身体健康状况检查。同时，要进行必要的生育咨询，尤其是遗传病的咨询；根据医生的要求和建议，或做进一步的检查，或发现疾病积极进行治疗。最后，根据医生的意见，决定是否要孩子，以及何时可以要孩子。调整生活方式准爸妈首先要戒烟禁酒；喜欢喝咖啡的准妈妈也要限制在一天一杯之内；不要再喝碳酸饮料及刺激性饮品。改变避孕方式，有些避孕药对胎儿究竟有没有不良影响还没有定论，如果有生育的意向，建议提前 6 个月左右停止使用避孕药，改用避孕套等物理避孕方式或自然避孕法。

孕前 5 个月，选择受孕季节

测体温、验精液。这时，可以开始进行女性基础体温的监测，以掌握受孕时机。基础体温是女性清晨起床尚未活动时的体温，从月经到排卵前的这段时间，体温比较低。当开始排卵的时候，体温急剧升高，黏液分泌旺盛，表明此时为受孕的好时机。通过连续几个月的记录，可以检测出排卵的稳定程度；同时，也可进行丈夫精液的检验。丈夫可在医生的指导下，进行精液样本的采集，医生给予精子的数量、移动性和活力的分析报告，以判断是否具有足够的、高质量的精子。

经济准备：可以进行适当的生活安排，做好一定的经济准备，免除思想负担，为受孕创造一个安心、轻松的心情。改善居室：可以改善居室环境，以方便准妈妈怀孕后的行动。比如，可以在卫生间及其他易滑倒的地方加放防滑垫；在马桶附近安装扶手；把晒衣架或晒衣绳适当调低；如果居室通风条件不好，要设法安装换气扇或做其他改动。

孕前 4 个月，进行优生筛查

优生筛查主要是检测准妈妈体内风疹病毒、巨细胞病毒、弓形虫、单纯疱疹病毒等的抗体水平，根据检测结果来估算胎儿可能发生宫内感染乃至畸形、发育异常的风险，最大限度地保障生育一个健康的宝宝。远离宠物：一些家养宠物如猫、狗等体内会有弓形虫病毒。要带宠物去医院做个体检，以确保它们没有感染源，或者将宠物寄养到宠物中心，总之，最好远离一切可致感染弓形虫病毒的因素。身体排毒清除夫妻身体内的烟尘与有毒物质，可食用春韭、黑木耳、海鱼、豆芽等。

孕前 3 个月，加强营养补充

补充营养在日常的饮食中，开始注意选择一些含有优质蛋白质的食物，如豆类、蛋类、瘦肉以及鱼等；选择一些含碘的食物，如紫菜、海蜇等；选择一些含锌、铜的食物，如鸡肉、牛肉、羊肉等；选择一些有助于补铁的食物，如芝麻、猪肝、芹菜等。此外，还要多吃含维生素的食物。

进行锻炼。为确保准妈妈受孕时体内激素的平衡与受精卵的顺利着床，也为了配合体重超标的准妈妈进行体重调节，此时可以有计划、有目的地进行孕前身体锻炼。晨跑、瑜伽、快走等运动形式都是不错的选择，即便是每天慢跑和散步也有利于改善体质。运动可以不要求强度，但要注重坚持。孕前接种孕前进行接种可以保证胎宝宝正常发育，减少病残儿的出生。

孕前 2 个月，调整性生活频率

调整性生活频率。在准备怀孕的阶段，要适当减少性生活的频率。准爸爸应通过增加健身的次数,来保证精子的数量和质量。算出排卵日为了提高受孕率，要算好排卵日，一般是月经来潮当日加上 15 天，如果平时月经周期不够准确，也可以按照预计下次月经来潮之日向前推 14 天的方法计算。

孕前 1 个月，展开一次激情的生活

展开一次激情的生活。在身体状况良好的情况下，选好一个美妙的夜晚，进行一些浪漫的准备，以最期盼、最激情的时刻迎来一次生命的融合。

充满激情的方式：尽可以在爱的柔情蜜意中，期待一次爱的降临，只要是在家里，可以不分时间、地点，让随心所欲的做爱把你们带入身心的激荡中……最佳的受孕体位：有些体位有利于精子通过阴道，使精子可以比较容易地通过宫颈，这就是有助于受孕的体位。

一般来说，建议想要孩子的夫妻可以采取男上女下的体位，也就是妻子躺在床上，屈曲双腿，大腿分开，丈夫趴在妻子两大腿间，将勃起的阴茎慢慢插入阴道。

男上位的好处是：男方和女方可以面对面，这样女方的阴道口朝上，形成一个杯形，可以盛住精液，这对受孕十分有利。

什么是情绪胎教

情绪胎教的作用

· 准妈妈在孕早期如果长时间处在不良情绪中，比如紧张、恐惧等，会触发流产，特别是习惯性流产。

· 准妈妈如果有沮丧忧郁的情况而不加以治疗，可以观察到胎宝宝出生后对外界的刺激反应会减少。

· 在孕早期，准妈妈若精神极度不安，胎宝宝发生唇裂或腭裂的概率就会增加。

· 如果准妈妈过度焦虑，会增加胎宝宝神经发育异常的风险，使胎宝宝在未来的成长中更容易出现情绪和行为方面的问题。有关专家还认为，儿童的情绪、行为和动作方面的问题与怀孕时期准妈妈是否过度焦虑有很大关系，焦虑程度越高的准妈妈所生下的孩子，日后出现情绪和行为问题的概率越高。

情绪胎教的要点

· 调整心态。妊娠反应是孕期正常的生理反应，会给准妈妈平添许多烦恼。准妈妈在面对这些反应的时候，必须及时调整心态，否则很容易影响心情，并产生烦躁、易怒等不良情绪，情绪大幅度波动还会在一定程度上加重妊娠反应，这些不良情绪对胎宝宝的健康和先天性格的形成都有很大的影响。

· 克服忧虑。对许多准妈妈来说，忧虑是比较常见的一种心理状态，她们常常担心自己和胎宝宝的健康，特别是对身患疾病的准妈妈，她们常担心胎宝宝受到自己身体的影响或服药的影响而发育不良。其实，这种忧虑是大可不必的，准妈妈只要积极地进行产检，并听从医嘱服药，胎宝宝就能健康发育。

· 消除疑虑。有些准妈妈认为，胎教只是“隔着肚皮说话”，不会起到任何作用，因而对胎教的作用产生了怀疑心理，从而打断了胎教的连续性。这种想法是错误的，不仅容易引发疑虑、烦躁、焦急等不良情绪，还会影响到胎宝宝。还有的准妈妈有分娩前恐惧症，恐惧是临产前最容易出现的一种心态。许多人认为分娩是一道生死大关。但事实上，随着医疗技术的提高，因难产致死的概率越来越低，准妈妈完全可以相信医生，相信科学，即使发生意外，也能够采取及时的医疗措施来保证母子安全。因此，应以坦然、平静的心态面对生产。

什么是营养胎教

营养胎教是根据孕早、孕中、孕晚三个时期胎宝宝的发育特点，合理指导准妈妈摄取食物中的各种营养素，以食补、食疗的方法来缓解孕期不适并保证胎宝宝的营养。

营养胎教的作用

· 为母婴补充营养。从一个重为 1.505 微克的受精卵，到出生时约 3000 克的婴儿，这个成长发育的过程全依赖于母体供给营养，准妈妈如果不及时摄取营养，胎宝宝为了完成自身的发育会吸收准妈妈体内储存的营养，久而久之，就会造成孕妈妈营养不良及多种不良症状。所以准妈妈要注意均衡补充营养，以供自身及胎宝宝的营养所需，避免出现营养不良等问题。

· 为分娩储备能量。准妈妈及时补充营养，为分娩储存力量，等到分娩时，准妈妈能更有力量将胎宝宝娩出。

· 为产后哺乳打好基础。产后母乳的多少，与孕期营养补充的量有直接关系，为了能让胎宝宝吃到营养丰富且充足的母乳，准妈妈一定要注意补充营养!

营养胎教的要点

· 孕早期的营养胎教。孕早期即怀孕初始至怀孕 12 周，在此期间胎宝宝的各器官正处于分化形成阶段，胎宝宝成长速度不显著，生长所需的热量和营养物质较少，因此不用急于补充太多的特殊营养成分。但由于这一阶段的准妈妈受孕吐影响，食欲往往不好，容易恶心、呕吐等，影响正常进食。所以本阶段的准妈妈要少食多餐、重质，以吃高蛋白、少油腻、易消化吸收的食物为原则。

· 孕中晚期的营养胎教。从怀孕中期开始，胎宝宝迅速成长，准妈妈身体代谢速度增加，对营养成分的需求量较孕早期要多很多。所以孕中期和孕晚期需要补充丰富的营养，如蛋白质、维生素、碳水化合物、矿物质等。因此，必须适量增加这些物质的摄入，多吃一些蛋类、奶类、肉类、杂粮、蔬菜及水果，以保证胎宝宝的正常发育。

营养胎教的注意事项

准妈妈应合理、科学地补充营养，多吃营养含量高的食物，但需注意体重的增长量，适当地调整饮食。

· 准妈妈忌盲目服用保健品。首先要考虑准妈妈自身是否需要进补，千万不要盲目听从销售商的花言巧语，更不要被那些诱人的广告所蒙蔽。许多保健品的功效并不会比食物好，有些保健品甚至根本不适合准妈妈食用。所以，准妈妈在决定购买营养品前最好先咨询一下医生。

· 准妈妈不要只吃菜不吃主食。米面等主食是能量的主要来源，能达到均衡补充营养的目的。

准妈妈要适当饮食。有些准妈妈在得知怀孕以后便开始加大饭量，希望借此来满足胎宝宝的营养需要。几乎所有的准妈妈都相信只要自己吃得多，胎宝宝就能摄取到足够的营养成分，就会健康发育。其实，准妈妈即使进食量加倍，也不等于胎宝宝可以将准妈妈多吃的那部分营养全部吸收。所以，准妈妈要适量进食，这样才能保证自身及胎宝宝的健康。

准妈妈在孕期加强营养是必需的，但营养摄入绝非多多益善。太多的营养摄入会加重身体的负担，并且会囤积在体内形成脂肪，导致孕期肥胖和冠心病。另外，体重过重还限制了准妈妈的体育锻炼，导致抵抗力下降，还可能造成难产。

什么是环境胎教

环境胎教的作用

随着社会经济的高速发展和商业化进程的加快，环境污染逐渐成为严重危害人类健康、降低人类生活质量的一个重要因素。而环境污染作为影响胎宝宝的胎外环境因素的一部分，对于正在母体中生长、发育的胎宝宝所造成的伤害更是难以弥补的，所以准妈妈应给予高度重视，以免造成无法弥补的遗憾。

在受孕后最初的数周时间内，胎宝宝正处于器官分化阶段，是最容易受到侵害的高敏感时期。此时胎宝宝发育较快，但也最为脆弱。由于胎宝宝各方面均未发育成熟，且不具备抵抗外界侵害的能力，若遭受不良环境因素的刺激，很容易发生畸形或死胎的情况。

因此，准妈妈重视环境胎教对胎宝宝的健康是十分重要的，特别是在妊娠早期，准妈妈应对自己的宝宝加倍呵护。处于安静、洁净的优质环境中，是保证胎宝宝健康发育的前提条件，也是做好环境胎教的一个重要环节。

环境胎教的要点

· 孕前保证精卵质量。精子质量与精子是否发育成熟、精子是否健全和精子是否具有较强的活力有关。精子是否健全与准爸爸的生活习惯以及是否受过有害物质损害等因素有关。因此，要保证精子的质量，首先应避免与有害物质接触、远离环境污染、尽量戒除烟酒，更应积极、有效地治疗生殖器疾病。而良好的卵子质量主要取决于卵巢和输卵管的健康情况。如果卵巢发生病变，就会妨碍卵子的发育和传输。同时，某些环境因素对卵子也会产生一定的不良影响，甚至还可能导致卵子发育异常或出现突变等。由此看来，孕前保证良好的精卵质量，也是做好环境胎教的一个重要方面。

· 让胎宝宝远离生活污染。巨大的环境污染和生活污染时刻威胁着人类的健康和胎宝宝的正常生长发育。生活污染包括的内容非常广泛，它不仅存在于电视、空调、电脑、音响、微波炉、手机等人们常用的工具和电器中，更包括噪声污染、病菌污染等多方面因素。在妊娠期，准妈妈应远离这些生活污染。

· 创造和谐的家庭氛围。在良好的家庭氛围中，准妈妈感受的是温馨，而腹中的胎宝宝也能够在温馨的家庭中获得身心上的良好发育。良好的家庭氛围需要夫妻双方共同维护，在互爱、互敬、互助、互谅、互勉的基础上共同抚育宝宝。

· 优化家居环境。优美的家庭环境是保证准妈妈身心健康、促进胎宝宝健康发育的重要条件。良好的家庭环境不仅依赖于温馨、优美的家居装饰，更需要夫妻之间相互理解、相互关爱，这对准妈妈和胎宝宝的身心健康都是非常有益的。

环境胎教的注意事项

· 远离高氟污染。准妈妈应尽量远离氟污染，以最大程度减少胎宝宝对氟元素的摄取。

· 避免接触 X 射线。X 射线对母体中的胎宝宝伤害很大，尤其是宝宝在母体中最初的 3 个月。此时正是胚胎器官形成的重要时期，若受到 X 射线的放射作用，很容易导致器官畸形，同时还会增加流产和死胎的发生率。准妈妈在妊娠期间应尽量避免接受 X 射线检查。

什么是音乐胎教

音乐胎教就是指通过对胎宝宝传输优良的音乐声波，促使其脑神经元轴突、树突及突触的发育，为优化后天的智力及发展音乐天赋奠定基础。

音乐胎教的作用

· 有益母子健康。音乐胎教的主要作用是要让准妈妈感受到平静与愉悦，并通过神经系统将此情绪传递给腹中的胎宝宝，使其深受感染，潜意识能记录到和谐、美好的讯息。科学研究发现，音乐由于速度、节拍、旋律的变化，能起到调节人体节律的作用。给胎宝宝“听”音乐，并给予适当的良性刺激，会使胎宝宝的心率随着音乐的节律而变化。经过音乐胎教训练的婴儿反应快、语言能力强、动作协调敏捷。

心理学家认为，音乐能渗入人们的心灵，会激起人们无意识的超境界幻觉，能唤起平时常被抑制了的记忆。常听音乐的胎宝宝长大后情感丰富，更富有想象力和创造力。生理学家则认为，优美、健康的音乐能促进准妈妈分泌出一些有益于健康的激素、酶和乙酰胆碱等物质，起到调节血液流量和神经细胞兴奋的作用，从而可以改善胎盘的供血状况，使胎宝宝更健康地成长。

· 开发胎宝宝的智力。音乐胎教的理论是假设胎宝宝能感知声音，主要是强调通过对胎宝宝施以适当的音乐刺激，可以促使其脑部神经的发育，甚至反复用相同的声音刺激，可以在胎宝宝大脑中形成粗浅的记忆。由于人的大脑半球有明确的分工，左半球的功能是语言、计算、理解等，主管逻辑思维；而右半球是“情感半球”，主要功能是空间位置关系、艺术活动等，主管形象思维。人的大脑在出生后左脑会比右脑发达，因此在出生前加强右脑开发就显得格外重要。音乐的感受是由大脑右半球主管的，若能越早实施音乐胎教来强化胎宝宝的右脑，就越能增强其形象思维能力，让胎宝宝左右脑的发育达到平衡，使孩子更聪明。

音乐胎教的几种方法

·准妈妈自己欣赏音乐。如果我们把音乐胎教的对象设定为准妈妈，那音乐胎教的目的就在于愉悦、平静准妈妈的情绪，因此在选择音乐时，准妈妈可选择适合自己的、轻松舒缓的音乐，以缓解不良情绪。

·让胎宝宝自己听音乐。等胎宝宝 20 周后，可适当给胎宝宝听一些音乐。据英国科学家最新研究证明，胎宝宝在 20 周时就具备了听力，而不是人们常认为的妊娠 26 周，这项研究发现，新生儿能记住在胎宝宝期所听到的乐曲。

·准妈妈给胎宝宝唱歌。准妈妈也可以通过自唱的方法，对胎宝宝进行音乐胎教。准妈妈千万不要不敢开口，这是一种互动方式，胎宝宝会喜欢的。

音乐胎教的注意事项

·选择专业的胎教音乐。给胎宝宝听的音乐必须是经过特殊选择的，声调不要太过尖锐刺耳，最好高、中、低音均衡，除了要选择经过特殊处理的音乐外（音频范围应为 500 ～ 1500 赫兹），准妈妈应距离扩音器至少 1.5 米，尽量避免将声音很大的耳机直接放在腹部。胎教音乐的节奏要求平缓、流畅，最好选择不带歌词的音乐。自然界中诸如大海的波涛、潺潺的溪流、微风轻吹的声音等配合一些音乐，如经典名曲等，听到这类声音能使人心情舒畅。

·控制好音量。胎教的音乐音量宜在 60 分贝，如果把耳机直接放在腹部上，音量大小要特别注意。你可以把手掌放在耳朵与耳机中间，然后调到你觉得适中的音量，这时你听到的音量大小一般约为 60 分贝，相当于胎宝宝在腹内听到的声音。

·最好一首单曲重复播放。怀孕 8 个月后，可考虑重复播放 1 ～ 2 首固定的乐曲，除了可以加深胎宝宝对这几首音乐的潜在记忆外，更容易培养孩子的音乐天赋，开发孩子将来的想象力。

·不要让胎宝宝长时间听音乐。音乐胎教益处很多，但是也需要把握一个度，准妈妈为胎宝宝听音乐的时间以每次不超过 30 分钟，一天 1 ～ 2 次为宜。

什么是语言胎教

语言胎教的作用

· 加强母子沟通。语言是人类的沟通工具，更是父母与孩子沟通的桥梁。正是因为语言的存在，孩子才能深刻体会到父母对自己的关心和爱护，父母也可以通过语言了解孩子丰富的情感和内心世界。很多父母认为与孩子进行交流沟通必须等到孩子的语言发育达到一定程度以后才能进行。事实上，即使是未出生的胎宝宝，与父母情感的沟通仍然需要语言作为媒介。

· 增进母子感情。每一次与胎宝宝亲密的语言沟通都是一次增进感情的过程，胎宝宝更能通过对父母声音的习惯而形成一种对父母的依赖感和亲近感。实验表明，经常与腹中胎宝宝沟通的准妈妈能够明显感觉到胎宝宝出生后对自己的依赖，而且智力、语言能力的发育和性格的发展也比没受过语言胎教的宝宝强。

· 促进胎宝宝的大脑。发育研究显示，人类大脑皮质特别发达，有别于其他动物。大脑皮质是用来学习知识和进行精神活动的，人的一生中，大脑可储存1000万亿个信息单位。准爸妈以及其他家人给胎宝宝进行语言胎教，是一种积极有益的教育手段，可以刺激胎宝宝大脑皮质充分发挥作用，为后天的学习打下基础，使宝宝变得更聪明。

语言胎教的注意事项

· 随时关注胎宝宝的反应。进行语言胎教时，准妈妈和准爸爸必须随时观察胎宝宝的特殊反应，如果在讲述某件趣闻时，胎宝宝有柔和的胎动，说明胎宝宝对所谈话题比较感兴趣，准妈妈或准爸爸可以继续讲下去，也可适当地延长胎教时间。如果胎宝宝产生了剧烈的胎动，说明胎宝宝对这个话题不感兴趣，必须立即停止。所以，准妈妈和准爸爸需每天选择不同的事情、不同的故事讲给胎宝宝听，这样就能够慢慢了解胎宝宝到底对哪类故事感兴趣，是否喜欢爸爸或妈妈的声音等一系列信息，为以后胎教的顺利进行打好基础。

· 将形象、声音、情感结合进行。虽然胎宝宝不可能理解准妈妈或准爸爸的讲话内容，但能在听到声音后做出反应。对温婉、柔和、充满爱的语言会做出良性反应，对嘈杂、争吵的语言会做出强烈的抵抗动作。所以，准妈妈和准爸爸可以根据这一特点，将形象、声音、情感结合起来，给胎宝宝做胎教。

· 忌对胎宝宝肆意而谈。良好的语言胎教对胎宝宝确实具有良好的影响，而恶劣的语言环境则会对胎宝宝造成负面影响。准妈妈和准爸爸千万不要认为胎宝宝是个无知的小生命，并在胎宝宝尚未出生时肆意而谈，不顾及胎宝宝的感受。

· 忌三心二意。准妈妈和准爸爸对胎宝宝讲话时千万不能三心二意，必须集中精力，否则对胎宝宝的理解力、听力和想象力的培养都是没有好处的。

· 语言胎教要持之以恒。语言胎教是一项长期工作，需要在日常生活中日积月累、一点一滴地使胎宝宝增加对父母的依赖和对语言的感受能力。因此，在胎教的过程中，准妈妈和准爸爸要做好心理准备，一定要有耐心，坚持每天进行。

? 什么是运动胎教

运动胎教的作用

· 有益胎宝宝的成长。运动胎教对胎宝宝也有着非常重要的作用。要知道，当胎宝宝成长到第 7 周的时候就已经开始自发地运动了。

· 胎宝宝早期的运动主要表现为眯眼睛、吞咽、抿嘴、搓手、握拳等。随着宝宝继续长大，运动方式会逐渐增多，会出现上抬手臂、蹬腿、转身、翻跟头、游泳等自发性运动。一般当宝宝成长到第 18 周的时候，准妈妈就能够非常明显地感觉到宝宝在腹中的运动了。

· 我们可以通过对胎动的观察来了解胎儿的健康状况，现代医学已经证明，胎动的强弱和胎动的频率可以预示胎儿在母体内的健康状况。胎儿的运动训练确实不失为一种积极有效的胎教手段。

· 促进准妈妈身心健康。运动胎教能令准妈妈健康地孕育宝宝，因为运动能够调节人体内分泌系统和血液循环系统的功能、增强心脏和肺部功能，改善消化功能和代谢功能。同时，运动还能够促进准妈妈腰部和下肢的血液循环，有效改善腰腿酸痛、下肢水肿等妊娠不良反应。

运动胎教的注意事项

· 控制运动幅度。准妈妈的运动量以小为原则，不要进行剧烈的活动，也不要从事繁重的家务劳动，如搬运重物、登上爬下地打扫卫生，这些活动对于准妈妈来说都是相当危险的。

· 身体不舒服时宜立即停止。运动过程中如果感到身体不适，则应立即停止。特别是在孕早期，如果妊娠反应比较严重，则应适当减少工作量和运动量，保证充分的休息。到了孕晚期，准妈妈在运动过程中如出现不适症状必须及时到医院检查。另外，有习惯性流产的准妈妈则更应注意运动量，要注意休息，并在医生的指导和帮助下进行运动和工作，以保证孕期安全。

· 忌碰撞腹部。准妈妈身体上最重要的部位就是腹部，那里是孕育胎宝宝的关键部位，要特别保护。因此，准妈妈无论是进行体育锻炼，还是做家务劳动，或是在生活中的任何时候，都应该时刻注意保护自己的腹部。

什么是抚摸胎教

抚摸胎教的作用

据科学研究发现，人类皮肤上有丰富的神经末梢。这些神经末梢及其敏感，非常有利于人体对外界迅速做出反应。经常进行抚摸胎教，能促进胎宝宝接受外界感应的敏感性，避免受到损害。从胚胎发育来看，皮肤与神经系统同起源于外胚层，胎宝宝的皮肤在发育的同时，神经系统也在发育。如给胎宝宝以良好的抚摸刺激，那么胎宝宝的神经系统也会受到良好的刺激，能促使胎宝宝的心理健康发育。

抚摸胎教的要点

· 叩击腹部即叩击式胎教。是指准妈妈用双手稍握拳，轻轻叩击腹部，时间以 3 ～ 5 分钟为宜。

· 抚摸腹部。指准妈妈用双手轻轻抚摸腹部，并集中注意力将母爱传给胎宝宝，等待胎宝宝做出回应。这种单纯性的抚摸胎教，准妈妈可以根据胎宝宝的反应决定胎教时间的长短。

· 触压腹部即触压式抚摸胎教。是指当感受到胎动时，准妈妈用手指轻轻触压胎动部位，以达到刺激胎动的目的。

抚摸胎教的注意事项

· 动作轻柔准。妈妈无论用哪种抚摸胎教的方式，动作一定要轻柔，以免用力过度引发意外。

· 掌握抚摸的时间及频率。其实，抚摸的时间及频率并不是越多越好，过多的抚摸会使胎宝宝感觉很累，甚至会损伤胎宝宝。

· 腹壁变硬时忌进行抚摸胎教。有的准妈妈在怀孕中后期有一阵阵的腹壁变硬的情况发生，这可能是不规则的子宫收缩，此时不能进行抚摸胎教，以免引起早产。

· 注意胎宝宝的反应。抚摸胎教可以安排在妊娠 20 周后，每晚临睡前进行，并注意胎宝宝的反应类型和反应速度。如果胎宝宝对抚摸的刺激不高兴，就会以用力挣脱或者蹬腿作为回应。这时，父母应该停止抚摸。如果胎宝宝受到抚摸后，过了一会儿，胎宝宝才以轻轻的蠕动做出反应，这种情况可以继续抚摸。

？什么是光照胎教

所谓的光照胎教就是指给尚在腹中的胎宝宝以适当的光亮刺激，以促进胎宝宝视网膜光感细胞的功能尽早完善。

光照胎教的作用

专家研究发现，从妊娠 6 个月起，胎宝宝对光亮就有所觉察，有的会躲闪，有的会做眨眼动作，这表明胎宝宝对光照有反应。用 B 超监测，当用手电光一闪一灭地照射孕妈妈腹部时，胎宝宝心率会出现剧烈变化。这些事实都说明，光线照射孕妈妈腹部会引起胎宝宝的各种反应。光照胎教能促进宝宝视觉功能的建立和发育，光能够通过视神经刺激大脑视觉中枢。光照胎教成功的宝宝出生后视觉敏锐、协调，注意力、记忆力也比较好。所以在胎教中不可忽视光照胎教这种方式。

光照胎教的要点

· 准妈妈进行日光浴。准妈妈到室外活动也是光照胎教的一种方式。夏季，可穿薄上衣，让腹部直接接受阳光，胎宝宝也会受到光的刺激，达到光照胎教的目的。

· 用手电筒照射腹壁。准妈妈可以每天定时用手电筒微光紧贴腹壁，每次持续 5 分钟，这样有利于胎宝宝的视觉功能的健康发育。

光照胎教的注意事项

· 光照胎教开始的时间：在宝宝的感觉功能中，视觉功能比听觉和触觉功能发育晚，在准妈妈怀孕 7 个月时，宝宝的视网膜才具有感光功能，对光才有反应。光照胎教可以在准妈妈怀孕 6 个月以后开始。

· 光照胎教的具体时间：要配合宝宝的作息时间进行光照胎教。不要在宝宝睡觉时进行，以免打乱宝宝的生物钟。要在胎动明显时，即宝宝醒着的时候做光照胎教。准妈妈经过这么长时间和宝宝的相处，也应基本掌握宝宝的作息规律。当然也有作息不太规律的宝宝，这就需要准妈妈细心体察宝宝的情况了。

· 光照胎教的具体步骤：准妈妈每天定时用手电筒微光紧贴腹壁反复关闭、开启手电筒，一闪一灭照射宝宝的头部位置，每次持续 5 分钟，不要用强光照射，且时间也不宜过长。

什么是美育胎教

美育胎教是指根据胎宝宝意识的存在，通过准妈妈对美的事物的感受而将美的意识传递给胎宝宝的胎教方法。人类通过看、听、体会，感受着世界上各种各样的美，而胎宝宝无法看到、听到、体会到这一切，所以准妈妈要通过自己的感受，将美的事物经神经传导输送给胎宝宝。美育胎教也是胎教学的一个组成部分，它包括自然美育、感受美育等方面。

美育胎教的作用

美育胎教运用审美心理学的知识，强调胎教中准妈妈的审美感知、审美情感、审美想象、审美理解，从而达到优化和加强胎宝宝心理素质的目的，为提高胎宝宝出生后对美的感知能力奠定基础。

美育胎教的要点

· 带胎宝宝感受大自然。准妈妈经常欣赏大自然中美丽的景色，然后将对大自然的热爱之情经过“提炼”传递给胎宝宝，就能促进胎宝宝神经系统的发育，使胎宝宝也能得到大自然美丽景色的陶冶。同时，准妈妈经常走入大自然，呼吸新鲜空气，也有利于胎宝宝的大脑发育。

· 培养准妈妈自身气质。准妈妈如果有优雅的气质、饱满的情绪和文明的举止，就能感受到来源于自身的一种美，胎宝宝在母体内也得到美的熏陶。专家建议，怀孕期的女性必须注意提高自身修养，注意个人言行举止。不仅要精神焕发，穿着整洁，举止得体，还要适当丰富自己的精神生活，例如，多听音乐、看书、旅游、欣赏美术作品等，以丰富个人内涵、陶冶情操。胎宝宝在准妈妈得体的举止中也会受到熏陶，对其今后的成长都有着正面影响。

美育胎教的注意事项

· 欣赏美的事物。进行美育胎教时，准妈妈应尽可能欣赏一些美的东西，例如，美丽的大自然、动听的音乐等，这样能使胎教发挥积极的作用。

· 忌随意而行。准妈妈无论做什么、说什么都要随时想到腹中的胎宝宝，言行举止必须有一定的约束，以免将不良的行为作风传递给胎宝宝。

母爱是胎教的开端

母爱对于胎儿来说是至关重要的。妈妈用自己的身体和血液孕育了胎儿。在280天的等待过程中，准妈妈感受着胎宝宝每一次的蠕动，祈求着宝宝能够平安降生，精心周到地疼爱、照料着腹中的胎宝宝，增加营养、锻炼身体、避免有害因素的刺激，创造良好的孕育环境，施行胎教。

在整个孕育过程中，准妈妈逐渐产生出一种对胎儿健康成长极为重要的母子亲情。正是这种感情，使腹中的胎宝宝捕捉到爱的信息，并转入胎教机制，为形成良好的性格打下基础。

每一个准妈妈都应充分认识自己的使命，在妊娠期每一天的活动中，仔细捕捉来自胎宝宝的每一个信息，母子之间进行亲切友好的交流，以一颗充满母爱的心，浇灌萌芽中的小生命。这就是我们所希望的胎教基础。

人的性格是在社会实践过程中逐步形成的。然而，“人之初”的心理体验为日后的性格形成打下了基础。准妈妈的子宫是胎儿的第一个生存环境，小生命在这个环境里的感受将直接影响到性格的形成和发展，如果这里充满和谐、温暖、慈爱的气氛，那么胎宝宝幼小的心灵将受到同化，意识到等待自己的那个世界是美好的，进而逐步形成了热爱生活、自信、活泼等良好性格的基础。反之，倘若夫妻生活不和谐、不美满，甚至充满了敌意和怨恨，或者是准妈妈不欢迎这个孩子，从心理上排斥、厌烦，那么胎宝宝就会体验到周围这种冷漠、仇视的氛围，随之形成自卑、怯弱、内向等性格的基础。显然，这会对胎宝宝的未来产生不利影响。

因此，准爸爸、准妈妈应把握这一特点，为孩子一生的幸福着想，从一开始就尽力为腹内的小生命创造一个温暖、有爱的生活环境。

Part2

语言胎教
进行时

语言——父母与宝宝的第一次亲密接触

进行语言胎教的最佳时间

从科学家们研究的胚胎发育过程中可了解到，胚胎在受孕后的前 8 周内是胚，直到第 9 周后，即从怀孕后第 3 个月开始才能称之为胎。此时的胎儿已经五脏俱全、初具人形，各个器官日趋完善，处于胚胎发育的最关键时刻，具备了接受教育的初步条件。胎儿接受外界刺激和教育的首要条件，即感觉器官的发育，特别是听觉器官，它是胎儿最容易与外界沟通的感觉器官。

胎教的内容主要是对胎儿进行听觉刺激的训练。胎儿的听觉器官大约在妊娠 2 个月时便开始发育了，过程如下：

(1) 虽然胚胎这时还很小，但在妊娠的第 2 个月末，他们的外耳、中耳及内耳就已形成雏形，有了基本的形态结构。

(2) 到了大约妊娠 4 个月时，便对来自于外界的声音有所感知。

(3) 从妊娠 6 个月起，具备了听到声音的条件，来自于外界的声音刺激会使胎儿产生生理性反应，如眨眼、心跳加快、打呵欠及转动头部等。

(4) 妊娠第 7 个月时，大脑发育基本完成了主要脑沟和脑回的构造，从此时起听觉器官可通过听神经与大脑建立联系。如果给予胎儿适当的声音刺激，胎儿的听觉器官便会把听到的信息传到大脑，并且将其储存起来，构成记忆。

人们对声音是否能传入子宫羊水里让胎儿听到总有怀疑。关于这一点的解释是，虽然外界的声音传入要穿过母腹的子宫壁及羊水等障碍，但只是强度被减弱，而频率、声调及韵律则不会发生明显的改变，依然可顺利传送给胎儿。

因此，只要是能透过母体的声音胎儿都可以感觉到，且人体体液和血液传导声音的能力要比空气大得多。外界声音信息不断刺激，促使胎儿的听觉器官快速发育，大脑与感觉器官之间的联系更为广泛，更为精确，因此在胎儿出生后的将来，使他们的生理发展收到奇妙的效果。

胎儿在 4 个月左右时，内耳道听觉器官已初步形成。到了 6 ～ 7 个月时，孕妈妈的腹壁和子宫壁逐渐变得薄起来，胎儿的身体也越来越大，贴在子宫壁上，外界的声音很容易便传到子宫内，使胎儿能够听到并做出相应的反应。因此，可从这个时候对胎儿进行语言胎教。

进行语言胎教的具体方法

朗诵抒情法

在音乐伴奏与歌曲伴唱的同时，朗读诗或词以抒发感情，也是一种很好的胎教音乐形式。

(1) 朗诵抒情法的作用

据专家介绍，胎儿在妈妈肚子里长到 4 个月大时就有了听力，长到 6 个月时，胎儿的听力就发育得接近成人了。这时进行胎教，确实能刺激胎儿的听觉器官成长，促进孩子大脑发育。

(2) 如何进行朗诵抒情法

许多孕妈妈进行朗诵抒情法胎教时，却是直接把录音机、收音机等放在肚皮上，让胎儿自己听音乐。这是不正确的。因为此时胎儿的耳蜗虽说发育趋于成熟，但还是很稚嫩，尤其是内耳基底膜上面的短纤维极为娇嫩，如果受到高频声音的刺激，很容易遭到不可逆性损伤。

现代的胎教音乐也正是朝着这个方向发展。在一套胎教音乐当中，器乐、歌曲与朗读三者前后呼应，优美流畅，娓娓动听，达到有条不紊的和谐统一，具有很好的抒发感情作用，能给孕妈妈与胎儿带来美的享受。适宜孕妈妈采用的音乐胎教方法还有许多，每一位孕妈妈可以根据自我的具体情况而采取相应的胎教音乐方法。

宝宝几岁可以阅读

最新的研究显示，胎儿在七八个月大的时候，胎脑就可以捕捉到外界的信息，所以胎儿是有记忆的，如果准妈妈定时念故事给腹中的宝宝听，可以让胎儿有一种安全与温暖的感觉，孕妈妈若一直反复念同一则故事给胎儿听，会令其神经系统变得对语言更加敏锐。

对话胎教法

(1) 对话胎教实施月份：怀孕第 8 个月直至生产前，是施行阅读胎教的最佳时机。医学研究发现，胎儿的意识萌芽大约发生在怀孕第 7～8 个月的时候，此时胎儿的脑神经已经发育到几乎与新生儿相当的水平，一旦捕捉到外界的讯息，就会通过神经管将它传达到胎儿身体的各个部位。此时，胎儿脑外层的脑皮质也很发达，因此可以确定胎儿具有思考、感受、记忆事物的可能性。

(2) 对话胎教练习方式：选一则你认为读来非常有意思、能够感到身心愉悦的儿童故事、童谣、童诗，将作品中的人、事、物详细、清楚地描述出来，例如：太阳的颜色、家的形状、主人公穿的衣服，等等，让胎儿融入到故事描绘的世界中。故事要避免过于暴力的主题和太过激情、悲伤的内容，选定故事内容之后，设定每天的“说故事时间”，最好是夫妇二人每天各念一次给胎儿听，借说故事的机会与胎儿沟通、互动。

(3) 注意事项：

①为了让妈妈的感觉与思考能和胎儿达到最充分的交流，最好是保持平静的心境并保持注意力的集中。

②在念故事前，最好先将故事的内容在脑海中形成影像，以便比较生动地传达给胎儿。

③如果没有太多的时间，只能匆匆地念故事给胎儿听，至少也要选择一页图画仔细地告诉胎儿，尽量将书画上的内容“视觉化”地传达给胎儿。“视觉化”就是指将鲜明的图画、单字、影像印在脑海中的行为。研究发现，每天进行视觉化的行为，会逐渐增强将讯息传达给胎儿的能力。

④在选择胎教书籍时，不要有先入为主的观念，自以为宝宝会喜欢哪些书籍，尽量广泛阅读各类书籍。

掌握几个技巧

(1) 语言讲解要视觉化：在进行语言胎教时，不能对胎儿念画册上的文字解释，而要把每一页的画面细细地讲给胎儿听。把画的内容视觉化了。胎儿虽然不能看到画册上画的形象或外界事物的形象，但妈妈用眼看到的东西，胎儿可以用脑“看”

到即感受到。妈妈看东西时受到的视觉刺激，通过生动的语言描述就视觉化了，胎儿也就能感受到了。

⑵ 将形象与声音结合：像看到影视的画面一样，先在头脑中把所讲的内容形象化，然后用动听的声音将头脑中的画面讲给胎儿听。这样的话，就是“画的语言”。这样，你就和胎儿一起进入你讲述的世界。你所要表现的中心内容，也就通过形象和声音输入了胎儿的头脑里。

⑶ 把形象和情感融合：干巴巴地讲，自然收不到好的效果，要创造出情景相生的意境。例如你到大自然中散步，一边走一边看，感到轻松愉快，有一种安详、宁静的情绪荡漾在心头的感觉。这时，你就用这样的心情把所见所闻讲给胎儿听：宝宝，你看见红花和绿草了吗？它们是那么的美丽，等你长大了和妈妈再一起来这里好吗？

温馨提醒：书是知识的源泉，是孕妈妈文化修养的基础，也是胎教必不可少的精神食粮。读一本好书、看一篇好的文章，无异于在精神上获得一次美的净化，使人心情开朗，精神振奋，耳目一新。同时，对深居腹中的胎儿也起到潜移默化的渗透作用。

语言胎教具体如何操作

和胎儿对话时，对话的内容不限，可以问候，可以聊天，可以讲故事，朗诵诗词，唱歌等，但应以简单、轻松、明快为原则。

在开始的时候，未来的父母可以向胎儿重复一些简单的字，如奶、干、湿、尿、口、鼻、水等。以后，除了重复单字练习外，还可以对胎儿进行系统性的语言诱导，例如早晨起床前轻抚腹部，说声：“早上好，宝宝”。洗脸、刷牙、梳头、换衣服时都可以不厌其烦地向胎儿解说。吃早餐时先深呼吸几次说：“宝宝真香，这是牛奶啊！”散步时，可以把眼前的景色生动地讲解给胎儿听：“瞧，青青的草，红红的花，多美啊！”淋浴时随着冲洗的动作轻柔地介绍：“听，这是流水声，妈妈洗澡啦！”

就寝前可以由准爸爸通过孕妈妈的腹部轻轻地抚摸腹中的胎儿，并实施对话："哦，小宝宝，爸爸来啦，这是小脚丫，这是小手，让爸爸摸摸。啊！会蹬腿了，再来一个……再见。"胎儿特别喜欢爸爸的声音，因为男性的声音低沉、浑厚。心理学家特别指出，让爸爸多对胎儿讲话，这样不仅增加夫妻间的恩爱，共享天伦之乐，还能将父母的爱传到胎儿那里，这对胎儿的情感发育有很大的好处。

对话可从 4 ～ 5 个月开始，每天定时刺激胎儿，每次时间不宜过长，1 ～ 3 分钟即可。不要讲太复杂的句子，最好每次都以相同的词句开头和结尾，以加深记忆，这样循环发展，不断强化，效果会很好。

轻松找出和宝宝的谈话内容

胎儿是有敏锐的感受力和学习力的。胎儿在妈妈肚里，便开始记忆妈妈，甚至是父亲的声音，也因此而有舒适和安定的感觉。准爸妈如果能时常以温柔的声音和腹中胎儿说话，可以让胎儿有被爱的感觉。

(1) 生活中的点点滴滴都可以告诉他

当你早晨起来的时候，你应该先对胎儿说一声"早上好"，告诉他早晨已经到来了。打开窗帘，推开窗户，呼吸着清新的空气，这时你可以告诉宝宝："小宝宝，今天的天气真不错。"当你洗脸、刷牙时，都可以念念叨叨，还可以告诉他肥皂为什么起泡沫，吹风机为什么能把头发吹干……

总之，你可以把生活中的一切都对胎儿叙述。通过和胎儿一起感受一天的生活，准妈妈会觉得生活过得很充实。通过点点滴滴的日常语言胎教，母子之间的感情纽带会更牢固，并且有助于培养胎儿对妈妈的信赖感，以及打下对外界感受力和思考力的基础。

(2) 户外语言胎教

散步不仅有利于孕妈妈的身体健康，也可以为进行胎教的妈妈提供了解社会、接触更多事物的机会。看到菜场、花店、超市、高楼大厦，都可以告诉胎儿那里是干什么的。也可以到风景宜人的公园，感受大自然的勃勃生机和人们的快乐，把你的所见所闻一一描述给胎儿听。

总之，在户外看见的一切有益的东西都可以跟胎儿说，让他感受到世界的多姿多彩，在他小小的大脑里留下美好的印痕。

(3) 借助于书刊画册

对书刊画册的语言讲解要视觉化，不仅仅是朗读，以便更具体地传递给胎儿。例如，图画上画着一只美丽的大公鸡，你就可以对胎儿描述："这是一只美丽的公鸡。它浑身披着彩色的羽毛，神气地昂着头。骄傲的就像一个国王。瞧，一些母鸡悠然地踱着步，跟在美丽的公鸡的身后。"

为了更好的实施语言胎教。不妨有选择地挑一些有趣的话题通过感官和语言传递给胎儿，以刺激胎儿的思维和好奇心。

温馨提醒：父亲和妈妈同时对胎儿进行语言胎教，既可以增进母子、父子间的感情，也能让孩子同时感受到父亲的阳刚之气和妈妈的阴柔之美，对于培养孩子良好的性格是非常有利的。

给宝宝讲故事、看画册、数数

胎儿在那黑暗的母腹之中，母子之间不但血脉相连，休戚相关，而且情感相通，心灵互应，妈妈与胎儿在彼此传递着情感信息。从胎教的角度出发，孕妈妈可以温柔地朗诵一些趣味高雅、给人以启迪、使人精神振奋、有益于身心健康的书籍。还可以看一些优美的画册，甚至教宝宝"数数"。

(1) 讲故事

如果想给孩子讲故事的话，孕妈妈必须把腹内的胎儿当成一个大孩子，娓娓动听地述说。亲切的语言将通过语言神经传递给胎儿，使胎儿不断接受客观环境的影响，在不断变化的文化氛围中发育成长。讲故事时妈妈应取一个自己感到舒服的姿势，精力要集中，吐字要清楚，声音要和缓，应以极大的兴趣绘声绘色地讲述故事的内容。内容不宜过长，应有趣，切忌引起恐惧和悲伤。除此之外，还可给胎儿朗读一些轻快活泼的儿歌、诗歌、散文以及顺口溜等。

(2) 看画册

与胎宝宝一起看画册，可以培养宝宝丰富的想象力、独创性以及进取精神。

是一种很有效的胎教方法。妈妈看画册时，可选那些色彩丰富、富于幻想的图画，用富于想象力的语言以讲故事的形式表达出来。要努力把感情倾注于故事的情节中，通过语气、声调的变化使胎儿了解故事是怎样展开的。

(3) 学数字

首先要制作一些卡片，即把数字和一些笔画简单、容易记忆的字制成颜色鲜艳的卡片，卡片的底色与卡片上的字分别采用反衬度鲜明的颜色，如黑白、红和绿等。训练时，妈妈应精力集中，全神贯注，就像教小学生识字一样，一边念，一边用手沿着字的轮廓反复描画。每天抽出时间定时进行，这样，久而久之，将有助于孩子识字能力的培养。虽然胎儿不能像大孩子一样，坐在那里好好地听，也不能一出生就给我们写个字出来，但是，我们的训练可以促进他潜意识的记忆。

温馨提醒：有关研究显示，接受语言胎教的孩子智能较高，反应敏捷。而且，在胎儿期，胎儿的大脑会产生记忆，语言胎教可以加深孩子出生后与父母的感情，有利于培养孩子健全的人格，提高孩子的情商。

语言胎教：精选30个胎教小故事

胎教可以说是孩子教育的“第一课”，但胎教的作用远远不止于此。准爸爸准妈妈给宝宝每天讲故事，定时念故事给腹中的宝宝听，可以让胎儿有一种安全与温暖的感觉，同时也能增加准爸妈与胎儿之间的情感交流。

第 1 天《青蛙和田鼠》

一只田鼠饱食终日，长得肥硕丰满，从来不知道要在什么时候忌口。一次它在沼泽地旁玩耍，一只青蛙蹦过来对它说：“请赏光到我家，我请您吃一顿美味的大餐。”田鼠愉快地接受了邀请，于是青蛙便口若悬河般地讲起它们游泳的快乐，旅行的趣味，以及沼泽地里发生的各种各样的奇闻轶事，大概是想让田鼠今后有资本给其自己的子子孙孙讲一讲沼泽地的趣闻吧。但田鼠边听边犯愁，因为它不大会游泳，得有人帮助，否则难以成行。青蛙赶紧替它想了个办法：

它让田鼠把爪子绑在自己的后脚上，用灯芯草死死捆住。一进沼泽地，青蛙就卯着劲把田鼠往水里拽。它的做法确实不怎么明智，它正打着如意算盘，肥田鼠真是一道美味的菜，大吃大嚼可真过瘾。在想象中，青蛙这坏小子已把田鼠嚼得嘎吱直响。田鼠此时祈祷上苍保佑自己，而青蛙却嘲笑它胆太小，并拼命地把它往水中拉。就在田鼠奋力挣扎的时候，一只老鹰在天空盘旋觅食，正巧看到了肥硕的田鼠，便俯冲下来把田鼠抓住了。因为灯芯草捆着田鼠和青蛙，所以老鹰一下子捕获到两份猎物，心里别提有多高兴了，晚餐太丰盛了。

这故事说明：算计别人最后反而会害了自己，阴谋者搬起石头砸了自己的脚。“以害人开始，以害己告终。”

第 2 天《穷苦的富人》

从前，有一个人生活穷困潦倒，他日夜想着发财，想早日脱离贫穷，过上舒适的生活。一天夜里，他梦见一位手持钱袋，浑身闪闪发光的人。这个神秘的人对他说：“你非常想发财，对吧？我这里有一个钱袋，只要从里面拿出第一块金币，里面马上生成第二块。把钱袋拿去吧，要多少拿多少，直到你心满意足为止。但你必须明白，在你把钱袋扔进河里之前，你不能使用金币，否则里面再也不会生成金币。”说完，这个神秘的人就消失了。当穷人醒来时，手里果真抓着那个神奇的钱袋，他兴奋得差点儿晕倒。神志清晰之后，激动不已的穷人伸手从钱袋里取出第一个金币，果然，第二个金币马上生成！“从现在开始到明早，我就可以成为一个富人了！到时候就可以享尽荣华富贵，太棒了！”到了第二天，他又改变了主意，“我现在就是富翁了，可为什么不掏金币继续发财？谁会嫌钱财多呢？现在把钱袋扔进河里该多可惜啊！”于是他又日日夜夜不停地掏金币。

一天，一个月，一年，十年，他已经掏出无数的金币，可他依旧死死地守着钱袋。由于不能动用金币，他只能依靠以前的一点儿积蓄过日子，他吃得又少又不好。他蓬头垢面，看起来非常瘦削，非常衰老，头发都斑白了。当他衰老不堪时，依然用发抖的手从钱袋掏取金币，直到最后一命呜呼，死在金灿灿的钱堆上。

第 3 天《兔子与乌龟》

在很久很久以前，森林里有一只乌龟和一只兔子，他们互相谁也不服谁，每天都争得不可开交，他们都吹嘘自己是跑得最快的。最后，他们谁都说服不了对方，便决定举行一场比赛，一较高下，看看谁跑得最快。

比赛的哨声一吹响，兔子便像风一般冲了出去，不一会儿就遥遥领先了。等他回过头时，发现已经看不到乌龟的身影了。他十分得意，心想那慢吞吞的乌龟一定被我甩到千里之外，肯定追不上我了，便决定在树阴下先休息一下，再继续完成剩下的比赛。

没想到，兔子竟然睡着了，而慢吞吞的乌龟则趁着兔子睡着的时候努力地爬到了终点，成为冠军。等到兔子从梦中惊醒时，发现为时已晚，乌龟已经赢得了比赛。输了比赛的兔子非常沮丧，他认为正是自己过于自信才导致输给了乌龟。重振旗鼓的兔子决心与乌龟再赛一场，乌龟也欣然同意了。这一次，兔子不敢掉以轻心，一口气跑完了全程，领先了乌龟好几公里到达终点，一雪前耻。

乌龟这才认清自己与兔子的差距，他明白了按照现在的情况，无论如何自己也不会跑得比兔子快。忽然，他灵机一动，想出了一个好主意。于是，他也再次向兔子下了战书，要求再比一场。不过这次赛跑的路线由乌龟制定，兔子毫不犹豫地答应了。

号令一响，兔子又风驰电掣般地冲了出去。不一会儿，他来到一条大河前，而终点就在河对面，面对湍急的水流，兔子站在河边不知所措。过了好久，慢吞吞的乌龟才来到河边，只见他从容地爬进河里，轻松地游到对岸，到达了终点，赢得了比赛的胜利。

第 4 天《真假小白兔》

小白兔当了萝卜店的经理。小狐狸很羡慕："哼，我要变成小白兔！"于是，他念起咒语："一二三四五六，狐狸变成小白兔。"嘿！小狐狸变成了一只小白兔了。

早晨，一只小白兔来到萝卜店。店里的小灰兔一见，惊叫起来："咦？小白兔经理刚进去，怎么又来了一个小白兔经理呢？"里面的小白兔走出来一瞧，大叫：

“你是？”外面的小白兔也大叫：“我是这里的经理，你是谁？”“明明我是经理，你是谁？”两只小白兔吵起来。熊法官来了，先在他俩面前放两捆青草，两只小白兔很快吃完了青草。熊法官又在他们面前放了两块肉，两只小白兔都皱着眉头：“不吃不吃！”熊法宫看看这个，又看看那个，怎么也看不出真假，急得直搔头：“这可怎么办？”

兔妈妈来了，两只小白兔一齐叫：“妈妈，我是你的孩子。”兔妈妈看看这个，又看看那个，摇摇头：“咦，真怪！唔，我的孩子尾巴上有个伤疤。”可仔细一看，两只小白兔尾巴上都有伤疤。这可怪了！兔妈妈想了想，忽然捂着肚子叫起来：“哎哟，哎哟，我的肚子疼！哎哟，哎哟！”兔妈妈疼得弯下了腰。“妈妈，你怎么啦？”一只小白兔眼泪都流出来了，扑上来扶着兔妈妈，一边大叫：“快，快去叫救护车，快！快！”另一只小白兔虽然也在叫“妈妈妈妈”，声音却一点也不急。兔妈妈猛然站起来，一把抱住扑上来的小白兔，说：“我分出来了，你才是我的孩子！”另一只小白兔见兔妈妈忽然好了，愣了一愣，才明白自己上了当。只好摇身一变，变成狐狸溜走了。

第 5 天《猴子摘桃》

鲜桃山上的鲜桃全熟了。猴弟弟早等着这一天啦，他抓耳挠腮，甭提多高兴了。第二天天刚放亮，猴弟弟便开上卡车，沿着盘山公路，准备上山顶去摘桃子。

太阳慢慢升起，汽车才开到山脚，空气里的小露滴看见太阳公公暖融融的笑脸，快活得你拽我，我拉你，扯起了一道白色雾幕。好大的雾呀，对面什么也看不清。“对不起，猴弟弟，我是雾妹妹，请下车。忘记告诉你了，每天太阳出山的时刻，正是我们开始练习爬山的时候。”猴弟弟没有责怪雾妹妹，他挺礼貌地说：“没关系！”猴弟弟跳下车，改乘飞机去摘桃。当他驾驶着飞机准备在山顶上降落时，越升越高的雾妹妹已从半山腰冲到山顶上。浓浓的雾一下子罩住了山头，猴弟弟东张张、西望望，连鲜桃山的影子都看不到了！这一回，猴弟弟脑门上急出了汗，他大声嚷嚷：“哎哟哟，雾妹妹，你太顽皮了，飞机没法降落会出事的，太危险了！”“猴弟弟，别着急，太阳升高，我也爬得高，不一会儿，我就飘到蓝天上了。”雾妹妹想了想，又说：“不过，到那时，你不能再叫我雾妹妹了。”“那该叫你什么呢？”“云妹妹呗。”说完，雾妹妹一踮脚，离开了山顶，成了蓝天上的一朵白云。红色的桃树林又露出来了，猴弟弟放心地落下飞机，猴弟弟突然明白了雾妹妹变云妹妹的道理：“呵！雾和云是一家子哩！雾升上天空叫云，云落在地上叫雾。”

第 6 天《宣誓神》

从前有一个小伙子，他想出远门，于是便把钱存放在他的一个好朋友那里，托他保管。然而令小伙子万万没想到的是，他的朋友起了歹念，一心想昧下这笔钱。

临走之前，小伙子找到他的好朋友，要他郑重地向他宣誓。那人一听要宣誓，便心惊胆战起来。他借口说自己有很重要的事情要去处理，等处理完再回来宣誓，说着他就匆匆忙忙地往城外走去。刚走到城门口，他遇见一个跛脚的老人，他从来都没有见过这个老人，很好奇，于是问道：“你是谁啊？”“呵呵，我是宣誓神！掌管着人类的一切誓言！我现在要去惩罚那些不尊敬神，不遵守诺言的人，并让他们兑现当时立下的誓言。”老人威严地说道。“哦，你多少年到我们城里一次呢？”这个人赶紧慌张地问道。“四十年，不过如果心情好的话，三十年就会来一次。”宣誓神回答道。听了宣誓神的话，他又立即赶回了城。

第二天，他心想宣誓神已经走了，要过三四十年才回来，于是放心地当着小伙子的面宣誓说：“今天我替朋友保管钱财，若有侵吞此钱财之心，愿受天打雷劈。请宣誓神为我做主！”

他的话音刚落，宣誓神就带着冷酷的笑容突然出现在他眼前。他心里的那点小算盘，宣誓神早已看得清清楚楚。宣誓神非常痛恨这种口是心非、立假誓言的人，决定将他送上断头台。在临死之前，这个人向宣誓神抱怨道：“你明明说至少三十年才回来啊！可你刚走，怎么隔天又回来了？”“那是在没有人触怒我的情况下！要是有人胆敢挑战我的权威，我就会立即赶回来！”

第 7 天《萤火虫和小星星》

天上，白云边，一颗小星星在一闪一闪。地上，小河边，一群萤火虫在一亮一亮。“喂，上来吧，我们来玩藏猫猫好吗？”天上的小星星把半个脸躲进白云里，向地上的萤火虫眨着眼睛。“好啊，你等着吧！”地上的萤火虫忙起来了，提着盏小灯笼，在草丛里走来走去。“你在干什么？”天上的小星星从白云后面走出来，把眼睛睁得大大的。“在找针线呢。”萤火虫回答说，“头也不抬，找针线干什么？”小星星又问。“缝航天衣。”“缝航天衣干什么？”“咦，你不是邀请我到天上去玩儿吗？”“那好，我帮你一起来找吧。”小星星“呼”的一下，从天上落下来，帮萤火虫找针线。

小妹妹在院子里，听到了小星星和萤火虫的谈话，出来一看，只见草丛里，瓜棚下，到处一闪一闪的。小星星呢？它和萤火虫在一起飞来飞去，怎么也认不出来。小妹妹想：天上多美啊。

第二天晚上，小妹妹来到小河边，可再也看不见萤火虫了。原来，萤火虫找到了针线，缝好了航天衣，穿在身上，跟着小星星一起飞上天去了。它们在天上眨着眼睛，哪是萤火虫，哪是小星星，小妹妹看来看去分不清。

第 8 天《勇敢的小刺猬》

在这么多的小伙伴中，小猴顶顶瞧不起的就是小刺猬了。“瞧他那丑样儿：满身插着大针，又尖又小的脑袋，老是缩在肚子下面，一副胆小怕事的样子。”有一天，小伙伴们在玩捉迷藏，小刺猬也想参加，小猴不高兴了：“去去去，你凑什么热闹？”小鹿和小松鼠都为小刺猬求情道：“让小刺猬来吧，小猴！”“哼，让他来，他能干什么？呆头笨脑的。”小猴叽咕道。这话太不公平了！小白兔跳出来打抱不平：“小刺猬并不笨，每天夜里他都能捉几只老鼠。”“捉老鼠有什么了不起？”小猴提高了嗓门窗道，“他能像我跑得那样快吗？能像我一样爬上这棵树吗？”大伙儿不吭声了。

捉迷藏开始了。小白兔撒腿往草丛里跑，雪白的身子被长长的草遮住了。忽然，小白兔惊惶地尖叫起来“蛇！蛇！”小猴大喊一声“快跑！”他第一个转身就跑。小白兔、小松鼠和小鹿跟在后边。蛇拉直了身体，拼命朝前追。经过小刺猬跟前，小刺猬一下子咬住了蛇的尾巴，然后把头缩进肚子底下。蛇把头抬得高高的，凶狠地摇了摇，想咬死小刺猬。小刺猬一点儿也不害怕，还是紧紧地咬住蛇尾巴不放，蛇盘成一团，想绞死小刺猬。小刺猬鼓足劲，弓起背，全身的尖刺都竖起来。蛇的身上被刺了无数个小洞，蛇挣扎几下，最后一动也不动了。小伙伴们回来后，看到小刺猬把毒蛇给刺死了，大伙都说："多亏你救了我们！""小刺猬真了不起！"小猴红着脸，低着头说："小刺猬，你勇敢，我以前小看你了，请原谅我吧！"

第 9 天《真正的大力士》

小兔提着篮子蹦蹦跳跳地去小树林采蘑菇。小兔刚走到竹园，听见"咕噜噜"的声音，一块大石头滚下来挡在小路上。小兔想，这块大石头挡路，我来把它搬走。小兔使劲地搬，"嗨哟嗨哟"，它使了很大的力气，可大石头一动也不动。小狗路过看见了，便走上前去帮小兔一起搬。"嗨哟嗨哟"，它们俩使劲地搬着，可大石头还是一动也不动。小黑熊来了，它拍拍巴掌，抱住大石头使劲地搬着。可大石头还是一动也不动。

小兔说："要是我们三个一起用劲推，也许会推动大石头的。"于是，三个伙伴一起使劲地推大石头。可是大石头还是一动也不动地挡在路上。怎么办呢？突然，小兔尖叫起来："哎呀，动了，你们瞧，大石头动了！"小黑熊说："胡说，没有人搬它，大石头怎么会……"话没说完，小黑熊也看到大石头动了一下，这是怎么回事呢？三个伙伴吓坏了，赶紧躲进竹林里。

大石头真的在动，它的一边在一点儿一点儿慢慢地往上抬，越抬越高了，"咕噜"一下，大石头翻了个身，滚到了路边上。小兔他们这才跑上前去看，只见小路上冒出了一根新长出来的竹笋，又粗又壮。"哎呀，原来是竹笋把大石头顶翻的。"小狗说。"竹笋的力气可真大呀！"小兔说。"都说我是个大力士，真正的大力士应该是竹笋！"小黑熊佩服地说。

第 10 天《小白和小黑》

有两只毛毛熊，长得都挺可爱，就像玩具柜台里那种毛茸茸的玩具熊。它俩一个黑，一个白。一个叫小白，一个叫小黑。它俩还都会捉鱼。为了比赛，看它们谁更勤劳，它们还把自己捉的鱼挂在了屋檐下，意思是说：看看吧！看谁捉得多！

狡猾的狐狸猜到了它俩的心思，就悄悄地找到小白，说："这样吧，我来帮你一把，每天我都把小黑的鱼偷吃掉两条，这样一数鱼，保证你比它多！"小白听了，快活得直蹦："好！就这样！我一定为你保密！"果然，第二天比赛时，小白胜了。可是，第三天比赛时，小白的鱼却比小黑的鱼少了一条。原来，狡猾的狐狸也找了小黑，对它说："这样吧！我也来帮你一把，我每天都把小白的鱼偷吃掉两条，这样一比，保证你多！"小黑也高兴得直蹦："好！就这样！就这样！我一定为你保密！"

就这样，狡猾的狐狸一会儿帮帮这个，一会儿帮帮那个，天天把肚子撑得圆滚滚的。而两只毛毛熊却一直蒙在鼓里，后来，当它们终于明白了这一切，要找狐狸算账时，狡猾的狐狸早就溜得无影无踪了。

第 11 天《蘑菇桌》

一天，小白兔蹦蹦跳跳地来到森林里采花。咦，大树下有个特别大的蘑菇，就像一张小圆桌，真好看。采好花，我就在这蘑菇桌上吃午饭。这样想着，小白兔走了。小白兔刚走，小松鼠来了。他也看见了大蘑菇。高兴地想：在这蘑菇桌上吃饭，一定很有意思！小松鼠也去采花了。后来呀，小狐狸、小猴子、小刺猬都发现了这张蘑菇桌，也都想采了花在这儿吃午饭。到了吃午饭的时候，五个小伙伴都来了，都说是自己最早发现这张蘑菇桌的，谁也不让谁。"哼，你们去争吧！"小白兔抢先在蘑菇桌前坐了下来。小松鼠、小狐狸、小猴子也拥到蘑菇桌前，气呼呼地坐下了。小刺猬一看，没他的份儿，火了，啪，跳上蘑菇桌，狠狠地踩几脚，把蘑菇桌踩了个稀巴烂！

"你们哪，你们！"咦，谁在说话，五个小伙伴抬头一望，原来是大树公公，小白兔明白，大树公公在批评他们呢。"其实，我们挤一挤，就有小刺猬的位子了。"小白兔想了想说。"是我不好，"小刺猬不好意思，"今天是我太霸道了。""我们也不好！"小松鼠他们几个也赶紧认错。五个小伙伴刚说完，呀，奇怪的事发生了，被踩得稀巴烂的大蘑菇竟一点一点动起来了，最后又拼成了一个大蘑菇。五个小伙伴高兴极了。小狐狸把采来的几朵最美的花插在蘑菇桌上。哗，真的很漂亮。别的小伙伴也学小狐狸的样儿，用采来的花儿把蘑菇桌打扮得漂亮极了。

“你们呀，你们！”大树公公又开口了。这回呀，大家都听出来了，大树公公在表扬他们呢！

第 12 天《蜜蜂与宙斯》

在很久以前，蜜蜂的头上并没有长刺，他们天天在花丛中飞舞着，忙碌着，忙着采集花粉，酿造蜂蜜。可是，他们辛辛苦苦的劳动成果常常会被人盗取，为此他们十分懊恼。大家都在商量该怎么办，这时一只蜜蜂皇后自告奋勇地说，去奥林匹斯山面见宙斯，请求他的帮助。

说完，她就出发了，很快飞上了奥林匹斯山，当她见到宙斯时，忙把蜂房里酿造的新鲜蜂蜜送给宙斯，宙斯非常喜欢蜜蜂皇后送来的礼物，所以承诺会满足她提出的所有要求。蜂皇后听宙斯这么说就放心了，她接下来请求说：“我求你给我一根刺，如果有人来取我们的蜜，我就可以用这根刺来刺死他。”宙斯听了后很不高兴，因为他非常热爱人类。但是已经承诺的事情不能反悔。他经过一番思考后，对蜜蜂说：“你可以得到你想要的东西，但是要使用它就会危及你自己的生命。因为你的刺一旦刺了出去，就会留在你刺的那个地方，而你就会因为失去刺而死亡。”

蜜蜂皇后没有马上回答，而是陷入了沉思。宙斯见蜜蜂皇后在思考，过了一会儿问：“你还想要吗？”蜜蜂皇后想：如果刺伤了别人，自己却要付出生命的代价，这值得吗？但一想到：蜜蜂们辛勤劳作了一天，而回到蜂巢时，发现蜂巢里空空的，所有的蜂蜜、花粉和王浆全都没有了。于是，疯狂的怒火一下子让蜜蜂皇后失去了理智，她毫不犹豫地回答：“当然想要！”宙斯看她回答得很坚定，就答应了她的请求。从那以后，蜜蜂就有了刺——这个秘密武器，蜜蜂可以用它来刺伤那些前来盗取蜂蜜的人。但那根刺却是一把双刃剑，伤害别人的同时也牺牲了自己。

第 13 天《小猴尿床》

小猴正在树上摘果子，忽然看见树下的小溪上漂来一只小纸船。“多好玩的小纸船，快把它捞上来。”小猴说着从树上往下一跳。哎哟，一屁股坐到了水里。

不好了，不好了，裤子湿啦。“没羞，没羞，小猴尿床啦！”午睡起床时，睡在小猴旁边的小狗喊起来。小猴不好意思地说：“我想把纸船捞上来，没想到就坐在水里了。”袋鼠阿姨走过来，说：“大家别笑小猴子，告诉你们吧，阿姨小时候也尿过床呢。”“啊，阿姨也尿过床？”小朋友们都瞪大了眼睛。“是呀，阿姨小的时候，也梦见过小河，河里漂着一个大红苹果，阿姨高兴地下河去捞苹果，弄得浑身湿淋淋，醒来一看，原来是尿床了。”“我也尿过床。我梦见大灰狼追我，我一着急，就尿床了。”小白兔说。“我也尿过，我梦见拿着水龙头去救火，结果……”小狐狸说。“我梦见想小便，到处找厕所，后来就尿床了。”最后，连嘲笑人的小狗也承认说。

袋鼠阿姨微笑着拍拍小猴说：“好啦！下次再遇见要下水的时候，就揪揪耳朵，要是做梦，一揪耳朵就醒啦。”小猴在海边玩耍，一艘轮船向他开来。啊，轮船！这不是做梦吧。小猴赶紧揪揪耳朵。好大的轮船呀，船上挂满彩色的旗帜，甲板上有人在向小猴挥手，响亮的汽笛声仿佛在召唤小猴说：“来和我们一起去旅行。”“我要到大海上去旅行！”小猴不顾一切地迎着轮船向大海里跑去。结果呢？小猴又尿床了吗？

第14天《斗力不如斗智》

一个孩子在山上种了一片苞米。苞米快要成熟的时候，被狗熊发现了。狗熊钻进苞米地吃了一些，扔了一些，糟蹋了一地。孩子找狗熊去讲理。狗熊满不在乎地说：“你的苞米是让我给糟蹋了，你能把我怎么样呢？”孩子说：“我要你赔。”狗熊说：“我若是不赔呢？”孩子说：“那我就叫你知道知道我的厉害。”狗熊说：“我劝你还是忍了吧，我有的是力气。”孩子说：“我光听说狗熊傻，可没听说它有力气。”

狗熊火了，指着一个磨盘大的石头说：“等我把这块石头扔到山下去，你就知道我是不是有力气了。”狗熊背起了磨盘石，故意在草地上走了一圈儿，顺着陡坡把石头扔下山去。磨盘石发出隆隆的巨响。狗熊得意地哼了一声。孩子说：“背石头不算力气大，能拔下一棵树才算力气大。”“那你就等着瞧吧！”

狗熊说着，吭哧吭哧拔起树来。费了九牛二虎之力，到底把一棵松树给拔下来了。孩子说："你能把松树拖到东边的湖里去吗？如果你能把树扔到湖里，让它像船一样漂起来，我就服你了。"狗熊真的把大树拖到湖里了。可是，他已经累得筋疲力尽，站进湖里以后，本想爬到岸上来，却"扑通"一声落到水里去。孩子趁机跳过去，揪住狗熊的耳朵，把他的脑袋摁到湖里，灌了他一肚子水。

狗熊告饶了，答应了孩子的要求，给孩子赔偿：自己要当一头牛，学会拉犁，帮助那个孩子种地。

第 15 天《美好的冠军梦想》

毛驴的远大理想是当个长跑冠军，为此，它每天天不亮就开始锻炼，不管刮风下雨、不论酷暑严寒，从不间断。渐渐地，它的奔跑速度有了很大提高。可是，它始终没 有当上长跑冠军。

后来，毛驴有了孩了，它的孩子小毛驴灰灰长大了。老毛驴想：虽然我努力奋斗过，洒下了许多辛勤的汗水，看来我这一生是难圆冠军梦了。唉，我只有把全部希望都寄托在灰灰身上了。为此，老毛驴对灰灰的锻炼抓得很紧，还为它制定了严格的训练计划。

灰灰不负老毛驴的希望，锻炼起来比它爸爸更加刻苦认真，在名师的指导下，灰灰的成绩大有长进，老毛驴很高兴，它非常开心并有把握地说："我当长跑冠军的梦想一定能够在灰灰身上实现！"谁知，好景不长，灰灰过了一段时间没有当上冠军，也像它爸爸一样打起了退堂鼓："唉——当冠军真难，我爸爸练了一辈子，不是也没有当上冠军吗？看来，我还是把当冠军的希望留给我未来的儿子吧！"于是，从此以后小毛驴就不再刻苦训练了。

暑尽寒来，一年又一年，毛驴家族一代又一代地延续着。虽然它们都曾经产生过美好的冠军梦想，可是直到今天，毛驴家族也没有产生过一个长跑冠军。

第 16 天《狮子与报恩的老鼠》

在一个烈日炎炎的午后，一只狮子正在洞里睡大觉。这时，一只小小的老鼠从他的鼻子上爬过，一下子搅了他的好梦，被惊醒的狮子怒不可遏地抓住了小老鼠，要知道，在睡觉的时候被别人吵醒，这真是一件非常令人恼火的事情，所以狮子恨不得立刻将这只可恶的老鼠吃掉。可怜的老鼠拼命求饶，他说："大王，你就放过我这次吧，我实在无意冒犯你，而我这种无名小辈也不值得被你杀掉啊！况且我也不是什么美味的食物。"听了老鼠的话，狮子有点犹豫了。老鼠见状，接着说道："即使你吃了我，也没有办法填饱肚子，倒不如你饶了我的性命，我以后说不定还能报答你的恩情呢。"狮子轻蔑地笑了笑，心想：像这种小东西，吃下去确实没什么用处。于是，狮子对老鼠说："好啊，这次我就放过你，不过，我倒要看看你用什么方法来报答我。"说着，狮子便放老鼠离开了。

不久后的一天，狮子在森林中觅食的时候，一不留神落入了猎人布下的罗网。烦躁的狮子无论怎么挣扎也无法摆脱，他急得大吼大叫，声音响彻整个森林。这时，在周围觅食的老鼠发现狮子深陷困境，便立刻前来救他。他对狮子说："亲爱的狮子，你别着急，我马上就救你出来。"说完，他便开始咬那张网的绳子。不大一会儿，他便在网上咬了一个大缺口，最终将狮子救了出来。

狮子终于重获自由，拯救了狮子的老鼠意味深长地说："你当初嘲笑我，不相信我能报答你，但现在我却向你证明了我也是能够报恩的。"

第 17 天《胖小猪当轮流家长》

猪爸爸和猪妈妈望子成龙，他们在观看了一次森林音乐会以后，就萌发了让孩子当钢琴家的念头，他们夫妇俩为孩子们买了一架钢琴。他们制定了严格的训练计划。让孩子每天轮流当家长，监督其他的孩子们练琴。

这一天，胖小猪是轮流家长，他担负起了监督兄弟姐妹们练琴的职责。他倒背着手在兄弟姐妹们的背后走来走去。不时发出威严的训话："要认真一点！再来一遍！这样不认真是不行的！"突然，猪老大火了，他把一对猪蹄子放在了钢琴上："唉！累死我了！我不练了！我们当一头猪很好啊，还当什么钢琴家呀！"

胖小猪板着面孔对哥哥说："哥哥，你怎么可以这样呢？你是老大，应该为弟弟、妹妹们起个带头作用！"猪老大不服气地说："你少跟我说这一套！你还不是重复爸爸、妈妈的话？再说，上星期训练的时候，谁光着脚在钢琴上踩来着，我还没有在钢琴上走呢！比你强多了！"

胖小猪一听，脸红到了脖子。他这下才知道了，要想说服别人，不能光在当轮流家长的时候表现突出，平时也要当一个好孩子。怎么办呢？兄弟姐妹们的眼睛都盯着胖小猪，看他怎样收场。胖小猪想了想说："哥哥，你说得对极了，我平时有些淘气，哥哥提的意见很对，今后在别人当轮流家长的时候，我一定不再淘气了！请大家监督我！"听了胖小猪的话，兄弟姐妹们都高兴地为胖小猪鼓起掌来。对他的真诚都很感动。猪老大一听胖小猪这样讲，也没有什么话好说了，只好把脚从钢琴上放下来。从这以后胖小猪就表现得特别乖了。

第 18 天《掉在井里的狐狸和山羊》

一只狐狸一不留神掉进一口深深的井里，不论他怎么挣扎，都没法爬上去。筋疲力尽的他只好待在井底，悲哀地想：自己的末日就要到了！

这时，有一只公山羊口渴难耐，匆匆忙忙地来到了井边。他朝井里望了望，发现井底有一只狐狸。愚蠢的山羊开口问道："井水好不好喝？"狐狸灵机一动，心中有了主意。他暗自窃喜，却故作镇静，他不遗余力地赞美井水清澈甘甜，无与伦比，说完又极力劝说山羊到井底来与他一起喝个痛快。没想到山羊竟然也信以为真，毫不犹豫地跳了下去，等到山羊痛饮了一番后，狐狸开口问他："山羊先生，你喝够了吧！我想问问，你现在准备怎样从井中出去呢？"山羊一听傻了眼："天哪！这可是个问题，该怎么办呢？"狐狸心里早有对策，他狡诈地对憨厚的山羊说："要不然这样吧，你立起来趴在井壁上，我踩着你的背往上跳。等到我出去了，再拉你上来，你看行吗？"山羊一听赞不绝口："这真是个好主意啊！我无论如何也想不出来。狐狸先生，你这么聪明，又乐于助人，真是个值得信任的好朋友。"

于是，山羊便照狐狸的话做了，他立起来趴在井壁上，狐狸踩着他的背顺利地跳出了水井。等到狐狸上去了以后，山羊在井里耐心地等了半天，却不见狐狸来拉他，这才发现自己上了当。山羊破口大骂，指责狐狸不守信用。而狐狸却轻蔑地对公山羊说："你这个蠢货，下来之前你就应该好好地想一想，下去之后究竟用什么样的方法才能出来。你不假思索，盲目地跳进井里，那就只能自食苦果了。再见了！"狐狸说完，便将山羊留在井底，自己则大摇大摆地走了。

第 19 天《没有朋友的老鼠》

老鼠和小猫、小狗是邻居也是好朋友，他们每天一起在温暖的阳光下唱歌，在柔软的草地上跳舞，非常快乐。有一天，猫妈妈送给小猫一个蝴蝶结，小猫系着美丽的蝴蝶结唱歌，神气极了。小狗、老鼠见了都非常羡慕，特别是老鼠，他想："如果我有这样美丽的蝴蝶结该多好。"到了晚上，老鼠悄悄地把小猫的蝴蝶结偷回家，系在头上，对着镜子，心里美滋滋的。第二天，小猫发现蝴蝶结不见了，伤心得呜呜直哭，小狗赶来安慰，并提醒他今后要保管好自己的东西。只有老鼠不吱声。

过了几天，小狗爸爸送给小狗一个铃铛，小狗戴着铃铛在草地上跳舞，帅极了。小猫、老鼠见了都非常羡慕，特别是老鼠，他想："如果我也有这样一个铃铛该有多好呀。"到了晚上，老鼠悄悄地将小狗的铃铛偷回家，戴在脖子上，对着镜子，心里甜滋滋的。第二天，小狗发现铃铛不见了，伤心地哭起来了。小猫赶来安慰他，并提醒他今后要保管好自己的东西。只有老鼠不吱声。

到了晚上，静悄悄的。小猫突然听到清清的铃铛声，他想："小狗的铃铛不是丢了吗？哪里来的铃铛声呢？"他叫醒小狗，一起随着铃铛声找，一直找到老鼠的家里。他们看见老鼠头上系着小猫的蝴蝶结，脖子上戴着小狗的铃铛正在照镜子呢。小狗、小猫气得一齐叫起来，老鼠吓得赶紧钻进地洞里，再也不敢出来了，直到现在还孤零零地待在冰冷的地洞里。

第 20 天《好看的红皮鞋》

路上走来一位小姑娘，"咯噔、咯噔"，走路的声音又清脆又好听。哟，她穿着一双新皮鞋，红红的，亮亮的，小熊好喜欢！他跟在小姑娘后面跑，小姑娘没发现，只管"咯噔、咯噔"地走着。路上有个大水坑，几只小虾在水中游来游去。小姑娘脱下鞋子，卷起裤腿儿，去抓小虾。小熊轻轻跑过去，用爪子摸了摸红皮鞋，哎呀，真光滑！小熊又把红皮鞋套在脚上，哈哈，好看极了！小熊舍不得脱下皮鞋，他对自己说："小姑娘一定是不喜欢这鞋子了，要不，干吗把它扔在草地上呢？她不要，我要。"小熊穿着红皮鞋，跑回家去。

星期六晚上，小熊和大家一起去看表演。剧幕拉开了，台上有个小朋友在唱歌，歌声很动听，唱得真好呀！小熊心里想。忽然，小熊愣住了，唱歌的小朋友，就是那个穿红皮鞋的小姑娘。可这会儿，她的脚上没穿红皮鞋，穿的是一双很旧很旧的黑皮鞋。小熊看看自己脚上的红皮鞋，脸红了，比红皮鞋还要红。他脱下鞋子，跑上台，把它塞在小姑娘的手里就跑开了。

小姑娘又表演了跳舞，她跳啊跳啊，脚上的红皮鞋一晃一晃，闪着亮光，真好看！回家的路上，小熊使劲地踩着地面，吧嗒吧嗒响，就像穿着红皮鞋一样神气。

第 21 天《小老鼠打电话》

冬天到了，天气也越来越冷了，小老鼠们都挤在一块，可暖和了。天虽冷，总得要吃饭吧，不吃饭可是会饿死的哦。可这么冷的天，叫谁出去找吃的呢？小老鼠们你推我，我推你的，谁也不愿意去。可是这肚子却不争气，咕噜咕噜的直叫个不停。其中有一只叫“咪咪”的小老鼠有点忍不住了，“不行，不行，这样下去会没命的，我倒有个好主意。我有个朋友叫嘻嘻，上次去他家作客时发现有好多奶油面包哦，我们去他家拿一些回来吧。”大家都高兴地说：“好啊，好啊。”

又有一只小老鼠发话了：“咪咪，要是我们去了，嘻嘻不在家，我们不是白去了吗？”咪咪眼睛骨碌一转，又有了主意，“打个电话问问不就行了吗？”咪咪赶紧拨通了电话，“喂，是嘻嘻吗？上次在你家吃的奶油面包可好吃了，还有吗？“喵，我家奶油面包可多了，你过来拿吧！”咪咪吓得大叫：“呀，拨错电话了，得赶紧跑，不然给小猫查出这号码出自咱们家，还不得给猫吃了？”说完，扔下电话就跑了。

第 22 天《老海龟的悲剧》

在海岛的沙滩上，住着一只巨大的老海龟，它正晒着温暖的太阳，慢慢地爬动着，感到十分满意。一只小海鸥飞了过来，停在了老海龟的背壳上，问道：“老爷爷，你今年多大年纪了？”“不大不小，整整一百岁了，”老海龟慢吞吞地说。

“呀，你这么大年纪了，一定去过许多的地方，一定有很大的本领吧，你……”好奇的小海鸥不停地发问道。老海龟来神了，它伸长脖子，昂起头，微微晃动着，夸耀着说：这个太平洋我是游遍了，荒凉的小岛我也曾经溜达过，最深的海底我也曾经光顾过，至于我的本领，说出来，还真把你羡慕地直流口水。我的背壳比铁甲还牢，金鱼压在我身上，我毫不在乎，最大的章鱼缠住了，也不能把我怎么样，即使是狂风暴雨之际，哪怕是大海波涛宣天，我照样平安无事，小家伙，那时候，你恐怕躲在海边的岩缝中，吓得直发抖吧！

正当老海龟说的正来劲的时候，小海鸥惊恐地飞走了。一个渔民走了过来，用力把老海龟翻了个四脚朝天，那个渔民在走开的时候还笑着说：“现在我没空，过两天我把你搬到船上去。”老海龟知道大事不好，就等着倒霉了，小海鸥看着老海龟仰面躺着不动，飞过来吃惊地问道：“神通广大的老爷爷呀，你就这样躺着，被别人弄走吗？”老海龟听了小海鸥的话，惭愧地用两只前脚，遮住了自己的脸。

第 23 天《长胡子游乐场》

春天的下午，微风习习，太阳暖阳阳地照着大地，一个长胡子老爷爷觉得有点困了，想在大树底下打个盹，于是他就躺在树下，不一会儿就打起了呼噜，长长的胡子就盖在了他的身上。小猫经过大树底下，发现了长胡子，可它并不知道这是什么东西，还以为是一片软软的稻草呢，于是，小猫就躲在软软的长胡子里，呼呼大睡，把长胡子当成了被子。两只小兔从远处奔到了长胡子上面，咦，这里怎么这么好玩呀，我们在这里做游戏吧。于是，他们把胡子当成了拔河的绳子，拔呀拔呀，一只小兔力气太大，一屁股摔倒在长胡子上。树上的小鸟发现了长胡子，于是就叫来了它的好朋友小刺猬，两个好朋友玩起了编麻花辫，小鸟拉紧一端，小刺猬一个劲地编，不一会儿就编了一根长长的辫子。

这时，小老鼠也来凑热闹，它调皮地用长胡子当成羽毛，在老爷爷鼻子边挠痒痒。嘻嘻哈哈的声音把小瓢虫也引来了，它使劲拉住一根长胡子往上爬。老爷爷醒来了，看见了那么多的小动物在他身上玩，高兴地说：你们把我的长胡子当成了游乐场啦。

第 24 天《小猫和椋鸟》

有一天，主人外出办事，家中只留下两个鸟笼和一只小猫。两个鸟笼里分别关着一只爱唱歌的金丝雀和一只爱聒噪的椋鸟。椋鸟十分羡慕和嫉妒金丝雀的动人歌喉，于是便对自己的好朋友小猫说：“你瞧，人们总赞扬金丝雀唱歌动听。其实呢，他那算什么唱歌啊，他的歌声单调乏味，就像吹哨子一样！”

小猫说：“你就少说两句吧。主人也不在家，金丝雀唱什么都没人听。不过主人忘记给我们准备食物了，这可真是大事情啊，我都饿得发慌了。”椋鸟听了小猫的话，立刻将目光直指金丝雀的笼子。

小猫没有看懂椋鸟的意思，就问：“我怎么不明白你的意思啊。”椋鸟见小猫这么不机灵，便大声斥责他说：“你真傻啊！我就直说了。你不是肚子饿了吗？那边笼子里面正好有一只美味的鸟嘛，你吃了就能填饱肚子了呀！”

小猫惊叫起来：“那怎么行！我们整天低头不见抬头见的，虽然不是朋友，但也做了这么长时间和睦相处的邻居啊！我怎么能吃他呢？”椋鸟冷笑道：“唉！你还是只小猫啊，看来得你长大之后才能明白，强者不会被这些规则限制，强者的原则就是随心所欲。”阵阵袭来的饥饿感和鸟儿的这番话让迟疑的小猫下定了决心。他打翻了鸟笼，一口就把金丝雀吞进了肚里。吃完了之后，小猫说道：“多亏了你啊，椋鸟，我终于变得聪明起来了。”说着，他又毫不犹豫地将自己的好朋友椋鸟也抓去吃掉了。

第 25 天《蜂蜜的酿造过程》

小小蜜蜂要酿造出香香甜甜的蜂蜜，并不是一件简单的事情。这不，“侦察蜂”一大早就出发了。不久，它就发现了一大片盛开的花，带着甜丝丝的味儿。它兴奋地往回飞，要把好消息告诉同伴们。它计算了一下，这蜜源地离蜂巢不足 60 米，于是它回到蜂巢，作圆圈状爬行，跳起了美丽的“圆舞”。你看它爬得这么快，看来，花蜜一定又多又甜。这时，另一只“侦察蜂”也回来了，在蜂巢上跳起了“8”字形摆尾舞，它沿着“8”字形路线，蹒跚爬行，肚子使劲摇晃着。它是想告诉同伴们“我发现的花蜜也很甜呢，就是比较远”。

采集蜂们赶快来到蜜源地，忙活开了。它们钻入花内，把花蜜吸到自己的蜜囊里。吸入的花蜜都达到自己体重的一半了，小蜜蜂们才恋恋不舍地准备离开。它们用第三对足上的花粉刷把粘在身上的花粉刷成一堆，再用唾液和花蜜混合成团，装入花粉筐里回家了。

这时采集蜂还不能歇着。它们赶快来到蜂巢上，把新鲜花蜜分给几只在巢内工作的内勤蜂，把花粉放到蜂房里，留给幼蜂和成年蜂吃。深夜，内勤蜂将花蜜吸到自己的蜜胃里，过一会儿吐出来，再由另一只内勤蜂接着干，这样，反复吸吐了一二百次，花蜜中的蔗糖转变为葡萄糖和果糖，花蜜才能变成香甜可口的蜂蜜。这一夜，大部分蜜蜂都没闲着，它们守在巢门外不停地扇动翅膀，加速水分蒸发，直到蜂蜜酿成，装入蜂房，封口贮存。这时，新的一天又将开始了。

第 26 天《树叶娃娃》

秋天到了，秋姑娘唱着丰收谣送来了一阵阵凉凉的风。红叶娃娃、绿叶娃娃在树枝上摆过来摆过去。有一天，秋姑娘打开双臂，使劲伸了一个大大的懒腰，红叶娃娃一个一个跳下树枝。落在秋姑娘的怀里。树上的绿叶娃娃着急地喊："别跳！别跳，危险！"红娃娃们的心里也在害怕地想："是呀，我这么小，落下去干什么呢？"

红叶娃娃们刚来到地上，就赶上了一场秋雨。有的红叶娃娃吓得哭起来。这时，几只小蚂蚁爬到红叶娃娃的前面说："小树叶，谢谢你给我们挡住了风雨。红叶娃娃高兴地说："不用谢小蚂蚁，能为你做点事情，我们很高兴。"突然，一只小鸟飞过来说："可爱的小树叶，我们家的房子漏雨了，你能帮我们修一修吗？"红叶娃娃说："我们很愿意。"雨停了，红叶娃娃们跟着秋姑娘来到小河边，几只小瓢虫看见了，大声地喊："小树叶、小树叶，我们要过河。你给我们当小船吧！"红叶娃娃送小树叶过了河，瓢虫们一起说："谢谢你们，我们一起去旅行吧。"红叶娃娃们说："不，我们要留在这里，和我的同伴们变成一条红色的被子，盖在树妈妈的身边。"红叶们娃娃自豪地说："是的，我们也该告别树妈妈了。"

来年，还会有满树的绿叶娃娃在春风里跳舞。"

第 27 天《蚂蚁和蝈蝈》

天气越来越冷，蚂蚁对蝈蝈说："冬天快来了，快准备点过冬的粮食吧！"蝈蝈假装没听见。蚂蚁一天到晚忙着找个不停。蚂蚁几次对蝈蝈说，可是蝈蝈就是不听，又接着唱歌。天气变得更冷了，蚂蚁对蝈蝈说："天气冷的时候会饿肚子的哦！"蝈蝈看了看蚂蚁，可是田野里再也找不到可吃的东西了。

一天，蚂蚁正在晒粮食，蝈蝈走过来说："好朋友，我好久没有吃东西了。"而蚂蚁储备了粮食准备过冬。蝈蝈呢，整天抱着琴，从早到晚饿极了，"你能给我一点吃的吗？""夏天你不是很忙吗？"蚂蚁问，"你为什么没有储备粮食呢？"蝈蝈说："我只顾唱歌了！"蚂蚁撇撇嘴说："那么，你也可以唱歌过冬啊！"

第 28 天《老虎模型》

在楚国，有一家人深受狐狸之害。狐狸经常跑到院子里来偷鸡摸狗，闹得这一家鸡犬不宁。这家人始终没能抓到狐狸。后来，有人出了个主意，说："老虎是百兽之王，普天下的兽类见了它，一个个只能趴在地上等死。"楚人感到此话有理，于是就用竹篾（mie）编了一个老虎模型，再用一张虎皮蒙在外面，放在自家的窗户下。没过几天，狐狸又来骚扰了，它刚一进院门就撞见了这个老虎模型，吓得大叫一声，即刻就倒在了地上，只剩下束手就擒的份儿了。

又有一天，不知从何处来了一头野猪，窜到这楚人家的地里去糟蹋庄稼。于是，楚人又将老虎模型预先埋伏在草丛中，同时派儿子手执利戈，守候在大路上。一切安排就绪后，他就让那些在地里干活的人齐声大喊，吓得那头野猪赶紧往草丛中逃生，可是在那里又看到了老虎模型，于是又折转身来，往大路上奔去，结果就被守候在大路上的儿子给抓获了。

有了这两次经历后，楚人兴奋异常，他以为凭着这个老虎模型就可以降伏天下所有的野兽了。恰在此时，野外又发现了一种形状像马的动物，这位楚人立即带上老虎模型前往驱赶它。

有些见多识广的人出面劝阻楚人："这种形状像马的动物，它连真的老虎都会吃掉，你又何必带个假的老虎模型去送死呢？"可楚人听不进劝告，依然孤身前往。他到了野外之后，只见那像马的动物吼声如雷，一下子就冲到了楚人面前，迅速踢翻了他带去的老虎模型，接着就用前爪将楚人抓住，不一会儿就将楚人咬死了。

第 29 天《野猪林》

西山坡一片绿荫，又种上了土豆、红薯和玉米。野猪们兴冲冲赶来安家落户。几年后，野猪越来越多，它们踩烂了红薯，压倒了玉米秆，将土豆地拱得到处是坑。人们敲锣打鼓，点起火堆，野猪们吓得躲进了林子。可是，人们一停下来，野猪就又钻出林子乱来。村长气坏了，举起猎枪限野猪们三天内离开西山坡。野猪们就向大森林环保委员会主席大象告状，大家就派红毛狐狸去处理。

红毛狐狸赶到西山坡，先是好言好语相劝，见村长不理，就搬出了《野生动物保护法》："野猪是国家野生保护动物，受法律保护。你怎么可以用猎枪威胁他们？"村长毫不退让，大声说："难道我们的财产就不受法律保护吗？野猪破坏了我们的家园，我们完全有权保护自己的劳动成果！"红毛狐狸去城里讨救兵，他找到了保护动物团体。城里来的保护动物团体先说出一番道理："这几年，树木多了，土豆、红薯、玉米多了，野猪自然就多了，这并不奇怪。奇怪的是，西山坡的野猪越来越多，为什么没有引来熊、虎、豹呢？看来我们对熊、虎、豹还保护得不够。"野猪们听得又喜又怕。

庄稼人怪城里人只会说风凉话。红毛狐狸起了一个念头，建议由动物保护团体帮助庄稼人集体搬家。野猪们欢呼叫好，保护动物团体点头赞成，庄稼人面对《野生动物保护法》，只得同意。于是，西山坡的庄稼人集体搬家了，从此，西山坡就称为野猪林了。

第 30 天《松树奶奶过新年》

树林里有一棵松树已经 100 岁了，很受尊敬，平时大家都亲切地称她为"松树奶奶"。当松树奶奶百岁生日临近时，全树林都在想，怎样才能让老人高兴呢？小青蛙听说树木都喜欢用蘑菇打扮自己，于是建议兔子采摘最美最美的蘑菇，再让松鼠把它们挂到松树奶奶的树枝上。不过，还是花公鸡说得好，"可以直接问问松树奶奶，她喜欢什么礼物？""谢谢大家，孩子们！"松树奶奶抖动树枝沙沙响。我有一个久藏心底的愿望，我已经 99 次在绿色的夏天过生日，我总想，这次过生日能不能穿上一件过年时才能穿上，用白雪织成的松软轻巧的衣服呢？可惜，你们连一片雪花都没有！”树林里的居民开始发愁了。说来也巧，这时一只白蝴蝶落在了猫姑娘的爪子上。猫姑娘顿时想起一个问题：“蝴蝶小妹妹，你有许多好朋友吗？”“是啊”“都是白的吗？都又软又轻吗？都像雪花吗？”“是的。”就这样，在松树奶奶生日那一天，所有的孩子们集合在一起。猫姑娘说：“亲爱的松树奶奶，请您闭上眼睛！”当松树奶奶重新睁开眼睛时惊呆了：她的每根树枝上都落着一只轻飘飘的白蝴蝶，抖动着翅膀。白蝴蝶——“雪花”。松树奶奶高兴极了。孩子们一遍遍地祝福：“新年好！生日快乐！新年好！”

语言胎教：精选30个胎教童谣

鸡公公

鸡公公，挺挺胸，它说一口吃个龙，
什么龙？不是龙，原来是条毛毛虫。
大家知道捂嘴笑，羞得鸡公冠子红。

动物叫

小猫怎么叫，喵喵喵；小狗怎么叫，汪汪汪；小鸡怎么叫，叽叽叽。
小鸭怎么叫，嘎嘎嘎；小羊怎么叫，咩咩咩；老牛怎么叫，哞哞哞。
老虎怎么叫，噢噢噢；青蛙怎么叫，呱呱呱；老鼠怎么叫，嘶嘶嘶。

小青蛙

小青蛙，呱呱呱，哭着哭着找妈妈。
燕子哄，蜻蜓劝，一起说着悄悄话。
你妈妈，我妈妈，田间捉虫护庄稼。
我们一起玩，长大学妈妈。

一只小蜜蜂

一只小蜜蜂呀，飞到花丛中呀，飞呀，飞呀。

二只小耗子呀，跑到粮仓里呀，吃呀，吃呀。

三只小花猫呀，去抓小耗子呀，追呀，追呀。

四只小黄狗呀，去找小花猫呀，玩呀，玩呀。

五只小山羊呀，爬到山坡上呀，爬呀，爬呀。

六只小鸭子呀，跳到水里面呀，游呀，游呀。

七只小百灵呀，站在树枝上呀，唱呀，唱呀。

八只小孔雀呀，穿上花衣裳呀，美呀，美呀。

九只小白兔呀，竖起长耳朵呀，蹦呀，蹦呀。

十个小朋友呀，一起手拉手呀，笑呀，乐呀。

上山打老虎

一二三四五，上山打老虎。老虎打不到，打到小松鼠。

松鼠有几只，让我数一数。数来又数去，一二三四五。

月亮和星星

月亮、月亮是妈妈，星星、星星是娃娃。

月亮嘴巴笑一笑，星星眼睛眨一眨。

月亮好，好妈妈，星星好，好娃娃。

猫咪的胡子

我笑猫咪不像话，生来就想当爸爸。

猫咪趴到我耳边，跟我说句悄悄话。

没有胡子像娃娃，老鼠见了不害怕。

小老虎上灯台

小老鼠，上灯台，偷油吃，下不来，叫妈妈，妈不在，叽里咕噜滚下来。

拍手歌

你拍一，我拍一，一个小孩穿花衣。你拍二，我拍二，二个小孩梳小辫儿。
你拍三，我拍三，三个小孩吃饼干。你拍四，我拍四，四个小孩写大字。
你拍五，我拍五，五个小孩敲大鼓。你拍六，我拍六，六个小孩吃石榴。
你拍七，我拍七，七个小孩坐飞机。你拍八，我拍八，八个小孩吹喇叭。
你拍九，我拍九，九个小孩交朋友。你拍十，我拍十，十个小孩站得直。

我是一个大苹果

我是一个大苹果，小朋友们都爱我，请你先去洗洗手，要是手脏别碰我。

打电话

两个小娃娃呀，正在打电话呀，喂喂喂，你在哪里呀？哎哎哎，我在幼儿园。
两个小娃娃呀，正在打电话呀，喂喂喂，你在干什么？哎哎哎，我在学唱歌。

小兔乖乖

小兔子乖乖，把门开开，快点开开，我要进来，不开不开我不开，妈妈没回来，谁来也不开。

小兔子乖乖，把门开开，快点开开，我要进来，就开就开我就开，妈妈回来了，我就把门开。

许多小鱼游来了

许多小鱼游来了，游来了，游来了，许多小鱼游来了，快快抓住。

小小兔子

小小兔子跳呀跳呀，跳到树林里，竖起耳朵仔细听，风儿呼呼吹，树叶沙沙响，哎呀哎呀狼来了。

大野狼

我是一只大野狼，吃兔又吃羊，哪只小兔没有躲好，我就把他吃掉。

拍拍小手点点头

拍拍小手点点头，拍拍小手叉叉腰，我把小手举起来，我们大家做得好。

站立歌

站像一棵松，小小青松青又青，天天挺立在山顶；
风吹雨打都不怕、青松越长越精神。

洗手歌

小宝宝，爱洗手，大家一起卷袖口，擦一擦，搓一搓，我们的小手真干净。

滑滑梯

松鼠滑滑梯，哧溜一声滑下去；
白兔滑滑梯，扑腾扑腾跳下去；
刺猬滑滑梯，叽里咕噜滚下去。

嘴巴歌

河马河马大嘴巴，大嘴巴里长大牙；
鸭子鸭子扁嘴巴，有事没事呀呀呀；
宝宝宝宝巧嘴巴，会叫爸爸和妈妈。

小镜子

小镜子，圆又圆，看宝宝，露笑脸。闭上眼，做个梦，变月亮，挂上天。

小铃铛

叮铃铃，叮铃铃，一会远，一会近。小宝宝，耳朵灵，听铃声，找到铃。

学画画

小宝宝，学画画，大蜡笔，手中拿，画小鸭，叫嘎嘎，画小马，骑回家。

大鞋子

大鞋子，像只船，爸爸穿，我也穿，一二一，向前走，走呀走，翻了船。

逛公园

逛公园，宝宝笑，东看看，西瞧瞧，花儿香，鸟儿叫，小草绿，小树摇。

冬天到

冬天到，雪花飘，小河里，结冰了；松树柏树雪地站，我不怕冷雪里跑。

迎春花

大道旁，山坡上，风雪里，摇铃铛。
星星花儿队伍长，一闪一闪闪金光。
要问这是欢迎谁？人家欢迎春姑娘。

春天到

冰雪融化，春天来到，成群的燕子喳喳叫，
青青草儿绿，红红花儿笑，小朋友们乐得直叫好。

大蜻蜓

大蜻蜓，绿眼睛，一对眼睛亮晶晶，
飞一飞，停一停，飞来飞去捉蚊蝇。

数蛤蟆

一个蛤蟆一张嘴，两只眼睛四条腿，
扑通一声跳下水，两个蛤蟆两张嘴，
四只眼睛八条腿，扑通扑通跳下水。

适宜阅读的胎教美文：泰戈尔

诗人是“人类的儿童”。因为他们都是天真的、善良的。在现代的许多诗人中，泰戈尔更是一个“孩子的天使”。他的散文诗正如天真烂漫的天使的脸；看着他，就“能知道一切事物的意义”，就感知和平、感知安慰，并且知道真爱。泰戈尔的诗作美而且纯净，诗作中蕴涵着高超的理想主义和文学的庄严与美丽，特别适合准妈妈在孕中晚期对胎宝宝进行语言胎教和美育胎教阅读，其中浓烈的美感可以培养美好的情绪，启发胎宝宝的智力。

泰戈尔散文诗一组

很久很久以前，蜜蜂在夏日的花园中恋恋不舍地飞来飞去，月亮向着夜幕中的百合微笑，闪电倏地向云彩抛下它的亲吻，又大笑着跑开。诗人站在树林掩映、云雾缭绕的花园一角，让他的心沉默着，像花一般恬静，像新月窥人似的注视他的梦境，像夏日的和风似的漫无目的地飘游。

四月的一个黄昏，月儿像一团雾气从落霞中升起。少女们在忙碌地浇花喂鹿，教孔雀翩翩起舞。突然，诗人放声歌唱：“听呀，倾听这时间的秘密吧！我知道百合为月亮的爱情而苍白憔悴；芙蓉为迎接初升的太阳而撩开了面纱，如果你想知道原因，很简单，蜜蜂向初绽的素馨低唱些什么，学者不理解，诗人却了解。”太阳羞红了脸，下山了，月亮在树林里徘徊，南风轻轻地告诉芙蓉：“这诗人似乎不像他外表那样单纯呀！”妙龄少女、英俊少年含笑相视，拍着手说：“世间的秘密已然泄露，让我们的秘密也随风飘去。”

对于你，我犹如黑夜的小花朵儿。我能给你的只是掩藏在夜色里的安宁和不眠的静谧。清晨，当你睁开眼睛，我将把你留给一个蜜蜂嗡鸣、鸟儿啁啾的世界。我送给你的最后礼物，将是一滴落入你青春深处的泪珠，它将使你的微笑更加甜美；当白天的欢腾残酷无情之时，它将化作薄雾，隐去你的娇容。

请放下你的琵琶，我的爱，让你的柔臂自由地把我拥抱。让你的触摸把我的洋溢的心儿引向我身体的最边缘。请不要把头垂下，也不要把脸转开，请你给我一个亲吻，一个像久闭在花蕾里的芬芳的亲吻。请不要用多余的言语把这一片刻窒息，让我们的心儿在寂静的潜流里颤动，把我们所有的思绪都卷到无边的喜悦里。

我的心，这只野鸟，在你的双眼中找到了天空。它们是清晓的摇篮，它们是星辰的王国。我的诗歌在它们的深处消失。只让我在这天空中高飞，翱翔在静寂的无限空间里。只让我冲破它的云层，在它的阳光中展翅吧。

我爱你，我的爱人。请饶恕我的爱。像一只迷路的鸟，我被捉住了。当我的心颤抖的时候，这丢了围纱，变成赤裸。用怜悯遮住它吧。爱人，请饶恕我的爱。如果你不能爱我，爱人，请饶恕我的痛苦。不要远远地斜视我。我将偷偷地回到我的角落里去，在黑暗中坐地。我将用双手掩起我赤裸的羞惭。回过脸去吧，我的爱人，请饶恕我的痛苦。如果你爱我，爱人，请饶恕我的快乐。当我的心被快乐的洪水卷走的时候，不要笑我在汹涌中退却。当我坐在宝座上，用我暴虐的爱来统治你的时候，当我像女神一样向你施恩的时候，饶恕我的骄傲吧，爱人，也饶恕我的欢乐。

不，我的朋友，我永不会做一个苦行者，随便你怎么说。我将永不做一个苦行者，假如他不和我一同受戒。这是我坚定的决心，如果我找不到一个荫凉的住处和一个忏悔的伴侣，我将永远不会变成一个苦行者。不，我的朋友，我将永不离开我的炉火与家庭，去隐藏到深林里面，如果在林荫中没有欢笑地回响；如果没有郁金色的衣裙在风中飘扬；如果它的幽静不因有轻柔的微语而加深。我将永不会做一个苦行者。

适宜阅读的胎教美文：冰心

著名儿童文学家冰心是一个充满爱心的作家，一个怀有童心的作家。她为少年儿童创作的佳篇，永葆着青春，被一代又一代的小读者所喜爱，显示出持久的生命力。

冰心的散文诗时而直抒胸臆，尽情倾吐，仿佛与读者促膝谈心，亲切自然；时而着力写景，情寓景中，情景交融；时而透过时空，两相对比，烘云托月，相映生辉；时而采用拟人化手法，日月星辰，花卉树木，具通灵性，化静为动，增添魅力。她的作品精心炼材，细密构思，字斟句酌，清新隽永，洁净凝练，是美文、美情、美感俱佳的佳作，尤其适合准妈妈在语言胎教、情绪胎教和美育胎教中阅读或朗读。作品中流露出的温馨、亲切和美好能给准妈妈带去爱、宁静和美的享受。

冰心散文诗选

【一】

闪烁着
深蓝的太空
何曾听得见它们对语
沉默中
微光里
它们深深地互相颂赞了

【二】

童年呵
是梦中的真
真中的梦
是回忆时含泪的微笑

【三】

万顷的颤动
深黑的岛边
月儿上来了
生之源
死之所

【四】

小弟弟呵
我灵魂中三颗光明喜乐的星
温柔的
无可言说的
灵魂深处的孩子呵

【五】

黑暗
怎样的描画呢
心灵的深深处
宇宙的深深处
灿烂光中的休息处

【六】

残花缀在繁枝上
鸟儿飞去了
撒得落红满地
生命也是这般的一瞥么

【七】

我们都是自然的婴儿
卧在宇宙的摇篮里

【八】

小孩子
你可以进我的园
你不要摘我的花
看玫瑰的刺儿
刺伤了你的手吧

【九】

万千的天使

要起来歌颂小孩子

小孩子

他细小的身躯里

含着伟大的灵魂

【十】

阳光穿进石隙里

和极小的刺果说

借我的力量伸出头来吧

解放了你幽囚的自己

树干儿穿出来了

坚固的磐石

裂成两半了

【十一】

井栏上

听潺潺山下的河流

料峭的天风

吹着头发

天边地上

一回头又添了几颗光明

是星儿

还是灯儿

【十二】

小小的花

也想抬起头来

感谢春光的爱

然而深厚的恩慈

反使她终于沉默

母亲呵

你是那春光么

【十三】

天上的玫瑰

红到梦魂里

天上的松枝

青到梦魂里

天上的文字

却写不到梦魂里

【十四】

柳花飞时

燕子来了

芦花飞时

燕子又去了

但她们是一样的洁白呵

【十五】

婴儿

在他颤动的啼声中

有无限神秘的言语

从最初的灵魂里带来

要告诉世界

适宜阅读的胎教美文：纪伯伦

花之歌

我是大自然的话语，大自然说出来，又收回去，把它藏在心间，然后又说一遍……

我是星星，从苍穹坠落在绿茵中。我是诸元素之女：冬将我孕育；春使我开放；夏让我成长；秋令我昏昏睡去。

我是亲友之间交往的礼品；我是婚礼的冠冕；我是生者赠与死者最后的祭献。

清早，我同晨风一道欢迎光明；傍晚，我又与群马一起为它送行。

我在原野上摇曳，使原野风光更加旖旎；我在清风中呼吸，使清风芬芳馥郁。我微睡时，黑夜星空的千万颗亮晶晶的眼睛对我察看；我醒来时，白昼的那只硕大的独眼向我凝视。

我饮着朝露酿成的琼浆；听着小鸟的鸣转、歌唱；我婆娑起舞，芳草为我鼓掌。我总是仰望高空，对光明心驰神往；我从不顾影自怜，也不孤芳自赏。而这些哲理，人类未完全领悟。

雨之歌

我是根根晶亮的银线，神把我从天穹撒下人间，于是大自然拿我去把千山万壑装点。

我是颗颗璀璨的珍珠，从阿施塔特女神王冠上散落下来，于是清晨的女儿把我偷去，用以镶嵌绿野大地。

我哭，山河却在欢乐；我掉落下来，花草却昂起了头，挺起了腰，绽开了笑脸。

云彩和田野是一对情侣，我是他们之间传情的信使：这位干渴难耐，我去解除；那位相思成病，我去医治。

雷声隆隆闪似剑，在为我鸣锣开道；一道彩虹挂青天，宣告我行程终了。尘世人生也是如此：开始于盛气凌人的物质的铁蹄之下，终结在不动声色的死神的怀抱。

我从湖中升起，借着以太的翅膀翱翔。一旦我见到美丽的园林，便落下来，吻着花儿的芳唇，拥抱着青枝绿叶，使得草木更加清润迷人。

在寂静中，我用纤细的手指轻轻地敲击着窗户上的玻璃，于是那敲击声构成一首乐曲，启迪那些敏感的心扉。

我是大海的叹息，是天空的泪水，是田野的微笑。这同爱情何其酷肖：它是感情大海的叹息，是思想天空的泪水，是心灵田野的微笑。

美之歌

我是爱情的向导，是精神的美酒，是心灵的佳肴。我是一朵玫瑰，迎着晨曦，敞开心扉，于是少女把我摘下枝头，吻着我，把我戴上她的胸口。

我是幸福的家园，是欢乐的源泉，是舒适的开端。我是姑娘樱唇上的嫣然一笑，小伙子见到我，霎时把疲劳和苦恼都抛到九霄云外，而使自己的生活变成美好的梦想的舞台。

我给诗人以灵感，我为画家指南，我是音乐家的教员。

我是孩子回眸的笑眼，慈爱的母亲一见，不禁顶礼膜拜，赞美上帝，感谢苍天。

我借夏娃的躯体，显现在亚当面前，并使他变得好似我的奴仆一般；我在所罗门王面前，幻化成佳丽使之倾心，从而使他成了贤哲和诗人。

我向海伦莞尔一笑，于是特洛伊成了废墟一片；我给克娄巴特拉戴上王冠，于是尼罗河谷地变得处处是欢歌笑语，生机盎然。

我是造化，人世沧桑由我安排，我是上帝，生死存亡归我主宰。

我温柔时，胜过紫罗兰的馥郁；我粗暴时，赛过狂风骤雨。

人们啊！我是真理，我是真理啊，你们要把这一点牢记在心里。

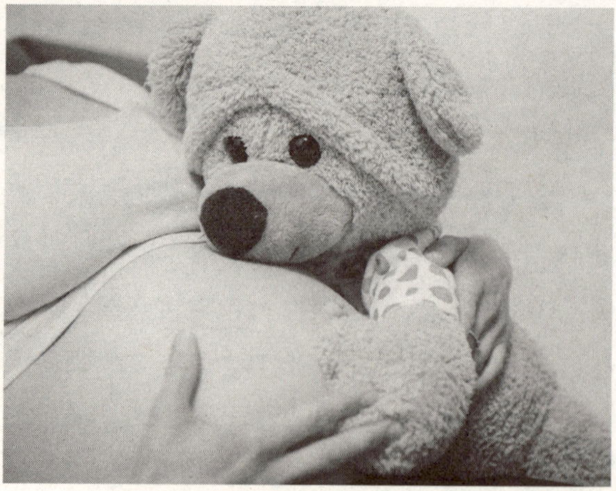

Part3

情绪胎教
进行时

宝宝好性格，从这里开始

情绪胎教的定义

情绪胎教，是通过对孕妈妈的情绪进行调节，使之忘掉烦恼和忧虑，创造清新的氛围及和谐的心境，通过妈妈的神经递质作用，促使胎儿的大脑得以良好的发育。

我国传统医学经典《黄帝内经》中率先提出孕妈妈“七情”（喜、怒、忧、思、悲、恐、惊）过激会致“胎病”理论。现代医学研究也表明，情绪与全身各器官功能的变化直接相关。不良的情绪会扰乱神经系统，导致孕妈妈内分泌紊乱，进而影响胚胎及胎儿的正常发育，甚至造成胎儿畸形。

情绪胎教的重要性及影响

如果孕妈妈在妊娠期情绪低落、高度不安，宝宝出生后会出现智力低下、个性怪癖、容易激动等状况。准妈妈孕期不同情绪对宝宝的影响：

【积极作用：促进胎宝宝生长发育】

（1）有益物质让孕妈妈的身体处于最佳状态，十分有益于胎盘的血液循环供应，促使胎宝宝稳定地生长发育，不易发生流产、早产及妊娠并发症。

（2）使胎儿的活动缓和而有规律，器官组织进行着良好分化、形成及生长发育，尤其是对脑组织发育。

（3）宝宝出生后，性情平和，情绪稳定，不经常哭闹，能很快地形成良好的生物节律，如睡眠、排泄、进食等，一般来讲智商、情商较高。

【消极作用：胎儿易发生发育畸形】

（1）有害物质可使孕妈妈血压升高，发生暂时性子宫-胎盘血液循环障碍，导致胎宝宝一时性缺氧而影响身心正常发育。

（2）可对下丘脑造成不良影响，致使他们日后患精神病的几率增大，即使幸免，出生后往往体重低、好动、爱哭闹、睡眠不良。

（3）出生后经常发生消化系统功能紊乱，容易患其他疾病的可能性增高，并对环境适应差，幼儿时期常常发生行为问题以及学习困难，通常被人们认为很难养育。

（4）孕妈妈若是情绪极度不安，如在早孕 7 ～ 10 周内，是胚胎腭部和脏器发育关键时期，就会引起兔唇、腭裂、心脏有缺陷等畸形；在妊娠后期，可使胎动过速（可达正常胎动的 10 倍）、子宫出血或胎盘早期剥离，引发早产、胎儿死亡等。

（5）有的胎儿在出生后，成为“性格异常儿童”，如挑食、好发脾气、十分好动，甚至患多动症。

孕妈妈应避免的不良情绪胎教

孕妈妈的情绪对胎儿产生直接影响，如焦虑使婴儿往往多动、易怒、好哭，早期孕妈妈紧张、恐惧不安，会导致胎儿发生腭裂或形成早产，及未成熟儿，巨大的恐惧还可以导致死胎，或足月胎儿体重过低。临产孕妈妈过度不安，肾上腺素分泌增加，可能发生滞产或产后大出血、难产率增高。因此，准妈妈们要避免以下十种不良情绪：

【烦躁心理】

孕妈妈不要因妊娠反应而心情恶劣，烦闷不安，应保持心情舒畅，情绪稳定，保持心理平衡。准妈妈可以听音乐来缓解心情。调整准妈妈的最佳状态，要坚信只要是一个正常的怀孕的过程，然后这个孩子出生以后 95% 都是健康的，都是没问题的。

【担心心理】

孕妈妈会担心胎儿的健康，应把你的担心说出来依靠科学的手段来确定，而不要盲目担心，按时做好产检。准妈妈可以写写怀孕日记，这是给宝宝非常好的礼物，回头再看这个过程会很美好！不要让自己闲下来胡思乱想，一定要坚持信心，我的宝宝一定是最健康的。

【忧郁心理】

忧郁情绪会造成孕妈妈失眠、厌食、性机能减退和植物神经紊乱。对胎儿的生长不利。

【淡漠心理】

妊娠期间，孕妈妈可能只关心体内的胎儿而对以外的事情漠不关心，这样会影响夫妻感情。

【依赖心理】

总希望丈夫能时时陪在身边，过分依赖丈夫或妈妈，这样的行为显然不行，孕妈妈应体谅丈夫的事业和工作，应学会自强自立，学会在心理上进行自我调理和自我平衡。

【暴躁心理】

有些女性怀孕后，爱发脾气，尚不知孕妈妈发怒时，血液中的激素和有害化学物质浓度会剧增，并通过“胎盘屏障”，使胎儿直接受害，在怀孕 7 ～ 10 周时，如果经常发怒，可能造成胎儿腭裂和兔唇。

【猜想心理】

总想知道宝宝是男孩还是女孩，担心宝宝的性别给自己的压力（来自夫家），无形中给孕妈妈造成心理负担。

【羞怯心理】

怕别人看出自己怀孕了，羞于出现在公共场所，这完全是不必要的。

【焦急心理】

期盼宝宝、担心宝宝而整天焦躁不安。

【紧张心理】

偏听信长辈的话对分娩产生一种恐惧。

父母该怎样做好情绪胎教

（1）应胸怀宽广，乐观向上，多想孩子远大的前途和美好的未来，避免烦恼、惊恐和忧虑。

（2）把生活环境布置得整洁美观，赏心悦目，还应挂几张健美的娃娃头像，孕妈妈可以天天看，想象腹中的孩子也是同样的健康、美丽、可爱；多欣赏花卉盆景、美术作品和大自然美好的景色，多到户外呼吸新鲜空气。

（3）饮食起居要有规律，按时作息，进行一些行之有效的劳动和锻炼。衣着打扮、梳洗美容应考虑到是否有利于胎儿和自身的健康。

（4）常听优美的音乐，常读诗歌、童话和科学育儿书刊。不看恐怖、紧张、色情、斗殴这类电视、电影、录像和小说。

（5）未来父母在情绪胎教中肩负有特殊的使命。丈夫应了解怀孕会使妻子产生一系列生理及心理的变化，应加倍爱抚、安慰、体贴妻子，尽可能使妻子快乐，多做美味可口的食物，营造美好的生活环境，使生活恬静，共同憧憬美好的未来，这是做父亲给自己孩子的第一份礼物。

准爸爸的情绪胎教

从某种意义上说，诞生聪明健康的小宝宝在很大程度上取决于父亲。特别是在情绪胎教中，准爸爸所起到的作用非常大。因此，准爸爸在情绪胎教方面要做好以下四项工作：

（1）当好“后勤部长”

怀孕的妻子一个人要负担两个人的营养及生活非常劳累。如果营养不足或食欲不佳，不仅使妻子体力不支，而且严重地影响胎儿的智力发育。因为，宝宝的智力形成的物质基础，有2/3是在胚胎期形成的。所以丈夫要关心妻子孕期的营养问题，尽心尽力当好妻子和胎儿的“后勤部长”。

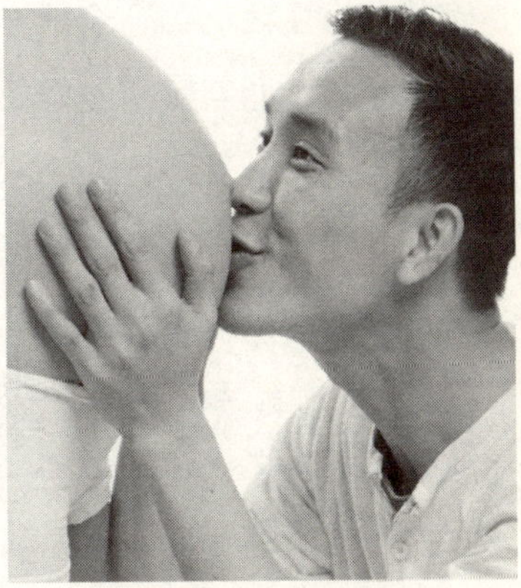

（2）丰富生活情趣

早晨陪妻子一起到环境清新的公园、树林或田野中去散步，做做早操，嘱咐妻子白天晒晒太阳。妻子感到丈夫温馨的体贴，心情舒畅惬意，对胎儿的发育也有好处。

（3）风趣幽默处事

妻子由于妊娠后体内激素分泌变化大，产生种种令人不适的妊娠反应，因而情绪不太稳定，因此，特别需要向丈夫倾诉。这时，丈夫要用风趣的语言以及幽默的笑话宽慰和开导妻子，这是稳定妻子情绪的良方。

（4）协助妻子胎教

丈夫对妻子的体贴与关心，爸爸对胎儿的抚摸与“交谈”，都是生动有效的情绪胎教。总之，在胎教过程中，丈夫应倍加关爱妻子，让妻子多体会家庭的温暖，避免妻子产生愤怒、惊吓、恐惧、忧伤、焦虑等不良情绪，保持心情愉快，精力充沛。此外，丈夫应积极支持妻子为胎教而做的种种努力，主动参与胎教过程，陪同妻子一起和胎儿“玩耍”，给胎儿讲故事，描述每天的工作和收获，让胎儿熟悉父亲低沉而有力的声音，从而产生信赖感。

根据胎教训练胎儿性格

人的性格受后天因素的影响相对要多得多，但先天因素也不容忽视。宝宝的性格，在其人生的发展中具有举足轻重的作用。人的性格雏形来源于胎儿期，这一点已被专家们所证实，在怀孕期注重对胎宝宝性格方面的培养很有必要。胎宝宝性格的形成，离不开生活环境的影响，妈妈的子宫是胎宝宝生活的第一个环境，小生命在这个环境里的感受将直接影响到胎宝宝性格的形成和发展。

【胎宝宝的性格训练】

胎宝宝生活的第一个地方就是孕妈妈的子宫，它就像是一个小城堡一样保护着胎宝宝。胎宝宝和孕妈妈联系紧密，因此，胎宝宝身心成长都受孕妈妈的直接影响。而胎宝宝的性格的形成与发展更是如此。

在孕妈妈的子宫里，胎宝宝会感受到温暖和安全，这样宝宝的心理发育也会变得温和善良。胎宝宝在孕妈妈的肚子里，如果感受到家人的疼爱和生活的美好，会让胎宝宝在潜意识中对生活充满希望和热爱，会体会到生活中的快乐，形成外向、乐观、积极、果断的性格。这对宝宝日后的身心成长是很重要的基础。

而如果胎宝宝在孕妈妈的肚子里感受到的不是美好的意识，而是爸爸妈妈经常争吵，家庭氛围不佳，甚至是孕妈妈并不真心喜欢胎宝宝，有厌烦等负面情绪，这些变化的、不良的情绪会直接影响到胎宝宝的内分泌激素发生变化，这样胎宝宝在出生后可能会形成冷漠、自私、自卑、懦弱等性格，不利于宝宝的成长。所以，现在的优生专家在孕妈妈的情绪会影响到胎宝宝的成长这个问题上是有着一致的认知的。

在孕妈妈孕育宝宝的过程中，胎宝宝的性格、气质等已经开始萌芽，对于各种情感态度也有一定的认知。在孕妈妈子宫这个“城堡”里，孕妈妈的各种情绪变化，甚至细微的变化胎宝宝都会有一定的感觉，并出现各种反应。有专门观察新生儿反应的研究指出，在出生后，各个新生儿就会表现出不同的个性：有的宝宝不停地哭泣；有的宝宝喜欢看着人笑；有的宝宝会不停地动来动去，手舞足蹈；有的宝宝在安抚下很快就会安静；有的宝宝对声音很敏感，在有声响的环境中不能入睡。每个宝宝都有着自己的性格表现。

澳大利亚的医学博士曾经对 114 名女性从妊娠到分娩的过程进行过详细的研究，博士将这些孕妈妈分为四种不同的类型：

【第一种是理想的优秀孕妈妈】

经过心理测验证实，这些孕妈妈的心理和情绪状况良好，对于宝宝的到来充满期待和深深的爱。这样，在整个怀孕过程中，这些孕妈妈的感觉最好，分娩的过程也会比较顺利，而在这种情况下出生的宝宝，身心发展都很好。

【第二种是有些矛盾的孕妈妈】

这些孕妈妈可能在家人或朋友面前对于妊娠是喜欢的，但内心的潜意识却有着抗拒的成分，有些甚至连孕妈妈自己也没有发现，但是胎宝宝在孕妈妈的子宫里可以察觉到妈妈情绪细微的变化或是潜意识里的排斥情绪。这样的胎宝宝往往在出生后会有胃肠方面的健康问题，性格会变得自私、冷漠或是自卑。

【第三种是比较淡漠的孕妈妈】

这些孕妈妈并不想得到宝宝，但是在潜意识中对宝宝有着一定的渴望。这种复杂的心理会被胎宝宝敏感地察觉到，这样的宝宝在出生后也会变得比较冷漠，喜欢睡眠，活动不积极。

【第四种是不及格的孕妈妈】

这样的女性不想得到宝宝，整个情绪和潜意识都传达着这样的信息。一旦怀孕后，这样的孕妈妈会出现各种状况，容易生病，并有着较高的流产和早产的几率。这样的胎宝宝出生后体重会比其他的宝宝轻，情绪也很不稳定，很可能会出现各种心理疾病。

这些现代医学的研究结果都显示，孕妈妈在整个怀孕的过程中，无论是所处环境，还是自身健康状况、情绪、心理和生活方式等等，都会对胎宝宝造成影响，尤其是孕妈妈的心理和情绪的变化，会直接影响胎宝宝性格的形成。所以，父母应该重视各种胎教，培养优质健康的宝宝。

妈妈快乐，宝宝快乐

孕妈妈的情绪可以通过内分泌的改变来影响胎儿的发育，孕妈妈如果在怀孕早期的不愉快心情，往往可以借助母子沟通的方式而影响胚胎。研究显示：孕妈妈情绪不佳，长期过度紧张，如发怒、恐惧、痛苦、忧虑，会对胎儿造成不良影响，生出的宝宝好动，情绪不稳定、易哭闹、消化功能紊乱、发病率高。

妈妈与宝宝拥有共同的血液循环，当妈妈情绪不稳定，经常悲伤或亢奋的话，胎儿也会感觉得到。怀孕初期因为很多的生理不适而影响心理，应尽量保持开朗的心情。妊娠 1 个多月，孕妈妈情绪过度紧张，可能导致发生兔唇；如受到惊吓、恐惧、忧伤、悲愤等严重刺激，或其他原因造成的精神过度紧张，使大脑皮质与内脏之间不平衡，关系失调，引起胎儿循环紊乱，严重者可直接导致胎儿死亡。

准妈妈们要想拥有平稳、乐观、温和的心境，可以通过常变化发型、多出门散步、找朋友聊天等方法减少忧虑。另外，还不要过多地食用肉、鱼、巧克力、甜食等。因为，过量地食用这些食物可使您体液酸性化，血中儿茶酚胺水平增高，从而出现烦躁不安，爱发脾气，容易伤感等消极情绪。准妈妈们不妨可以试试以下 6 种方法：

告诫法：在孕期要经常告诫自己不要生气、不要着急，想象宝宝正在看着自己。

转移法：消除烦恼的最好办法是离开使人不愉快的环境。可以通过能引起自己兴趣的活动，如听音乐、看画册、郊游等，使情绪转向欢乐。

释放法：这是相当有效的情绪调剂方法，可通过写日记或向可靠的朋友叙说自己的处境和感情，使您的烦恼烟消云散，得到令人满意的“释放”。

社交法：闭门索居会使孕妈妈郁郁寡欢。孕妈妈应积极参与准妈妈俱乐部活动，广交朋友，将自己置身于乐观向上的人群中，充分享受友情的欢乐。

协调法：每天抽出 30 分钟，到附近草木茂盛的宁静小路上散散步、做做体操，心情会变得非常舒畅。

美容法：经常改变一下自己的形象，如变一下发型，换一件衣服。还可买一些家居饰品，点缀家庭环境，让自己保持良好的心境。

其实有很多方法都可以帮助准妈妈们形成一个良好的心情状态，只要准妈妈们自己有意识地保持愉快的心情。

腹式呼吸与情绪舒缓

重视情绪对胎教的影响

准妈妈的情绪与胎儿发育有密切关系。人的情绪变化与内分泌有关，在情绪紧张或应激状态下，体内一种叫乙酰胆碱的化学物质释放增加，促使肾上腺皮质激素的分泌增多。在准妈妈体内这种激素随着母体血液经胎盘进入胎儿体内，而肾上腺皮质激素对胚胎有明显破坏作用，影响某些组织的联合。特别是前 3 个月，正是胎儿各器官形成的重要时期，如准妈妈长期情绪波动，就可能造成胎儿畸形。另外，准妈妈的精神情绪不仅会影响本人的食欲、

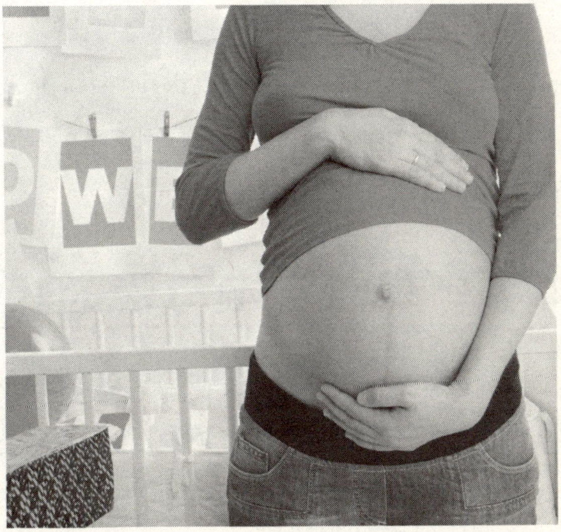

睡眠、精力、体力等，而且可以影响胎儿的血液供给、胎儿的心率、呼吸和胎儿的运动等许多方面的变化。

准妈妈多愁善感影响胎宝宝

在怀孕期间遇到不顺心的事也是常有的，但不少多愁善感的准妈妈经常会将一些小挫折扩大为自己人生的失败，因此整天自怨自艾，愁眉不展。如果准妈妈经常哭泣、伤感，容易使宝宝形成胆小、懦弱、缺乏自信心的性格。准妈妈如果一旦发现自己有这方面的情绪，就应该做点别的事情来分散自己的注意力，比如看一些轻松愉快的电影或者找人倾诉，把自己的不良情绪宣泄出去。

腹式呼吸帮你稳定情绪

既然准妈妈的情绪对胎宝宝有着不可估量的重要作用，准妈妈应避免自己的心情杂乱不安，尽量保持平静、愉悦。腹式呼吸法对稳定情绪和集中注意力非常有效。进行腹式呼吸法练习时，准妈妈尽可能穿得宽松点，场地可自由选择，可以坐在床上，也可以是在沙发上，甚至平静地站着。关键是腰背舒展，全身放松，微闭双眼，手可以放在身体两侧，也可以放在腹部，总之你觉得舒服就好。

准备好以后，用鼻子慢慢地吸气，在心里默默地慢数 5 下："1、2、3、4、5。"吸气时，要让自己感到气体被储存在腹中，然后慢慢地将气呼出来，用嘴或鼻子都可以。总之，要缓慢地、平静地呼出来，呼气的时间是吸气时间的 2 倍。

实施呼吸法时，尽量不要想其他事，把注意力集中在吸气和呼气上。准妈妈可以在每天早起或临睡前有意识地这样呼吸一次，可使整个孕期焦躁的精神状态归于平静，对稳定情绪帮助很大。

幻想胎宝宝可爱的模样

在这个阶段，准妈妈由于生理功能的变化，很容易心情烦躁，不能很好地休息。而此时期的胎宝宝，是胚胎发育和各器官形成的重要时期，胚胎迅速成长，人体的主要系统和器官逐渐分化出来。具体的操作方法如下：

静坐练习

准妈妈可在安静状态下采用盘坐的姿势。其做法是以左右两脚的脚背置于左右两腿上，足心朝天。双手掌心向上，置于两脚上。如姿势不熟练，也可采取盘腿坐的姿势。到怀孕中后期，由于腹部已经隆起，很难再采用这种坐姿，此时可以伸直双腿，挺直腰板儿坐下，也可以在床上练习，只要自己觉得舒服就可以了。

冥想

准妈妈闭上双眼，也可以闭合片刻待感觉到舒服后张开眼睛，凝视1米远的前方，盘腿而坐，双手放在膝盖处，手心向上，拇指与食指相接成圆形，其余手指自然放松，调整自己的呼吸，每次吸气和呼气时默默数数。

幻想宝宝

准妈妈将手放在腹部，借助手向胎宝宝传递健康的气息。在脑海中想象胎宝宝的模样，仿佛对胎宝宝耳语一样传递积极的讯息。将注意力逐一集中到胎宝宝、包裹胎宝宝的羊膜、羊水、脐带、胎盘等，并将这些与胎宝宝紧密联系在一起，心无旁骛地呼气和吸气，继而便会感觉吸气时吸入的是清净的自然之气，呼气时排出的是混浊之气和代谢废物。想象结束后要适当地休息。

准妈妈摆脱负面情绪的方法

早孕反应造成的身体不适，对分娩的恐惧以及工作、生活中的矛盾和不顺心等方面的因素，常常使准妈妈变得消极不安，甚至变得爱发脾气，容易冲动。这对胎教来说是十分不利的。那么，心情不好的准妈妈们怎样才能摆脱消极情绪呢?

让自己平静下来

在孕期生活中，准妈妈要经常有意识地告诉自己不要生气，不要着急，宝宝正在看着呢！当准妈妈感到烦躁或消极时，要有意识地花一些时间让自己平静下来，并把宁静的情绪传递给腹中的胎宝宝。尽管无法避免所有令人紧张的情况，却可以用更为积极的态度来平衡这些不良情绪。

学会倾诉

这是相当有效的情绪调剂方法。可以通过写日记或向可靠的朋友述说自己的处境和感情，使消极情绪烟消云散，得到令人满意的“释放”。

转移注意力

可以通过一项自己喜欢的活动，如听音乐、看画册、散步、郊游等，转移注意力，让情绪由焦虑转向欢乐。

广交朋友

将自己置身于乐观向上的人群当中，充分享受友情和欢乐，自己也会在不知不觉中被感染,从中得到满足和快慰。同其他的准妈妈及其配偶交流怀孕心得，可以有效地缓解紧张情绪。

准妈妈开始呕吐，情绪不稳定

准妈妈开始呕吐

妊娠 4～5 周内，准妈妈胎盘的绒毛组织所产生的绒毛膜促性腺激素经由尿道排出，若能确定这种激素的存在，即表示已怀孕。大致上来说，大部分人都是因为呕吐而开始留意到自己可能怀孕了。

妊娠初期准妈妈除了恶心之外，还会由于骨盆充血压迫到膀胱引起便秘、腹泻、多尿等现象，同时，常常会感到下腹发胀。这些若非便秘、腹泻、膀胱炎等病症引起的，即是由于内部生殖器官引起的，是由于妊娠引起子宫不规则的收缩，从而导致的一种正常的生理现象，并无大碍，准妈妈不必担心。

准妈妈喜悦中会不安

大部分准妈妈都会因真切地感到妊娠的具体存在而满怀期望，希望孩子早日诞生。但是也有些准妈妈则因深受呕吐之苦而不能忍受，或因为第一次怀孕，对即将到来的孕期和生产感到紧张和担心，产生强烈的不安，出现情绪低落等现象。其实，这种心态很不好。因为紧张不安的精神状态，不仅扰乱了准妈妈的孕期生活，也会影响到胎宝宝早期的生成和胎宝宝的生长发育。

对于这种不稳定的情绪表现，准妈妈应正确认识和调整。积极主动地去多想一些愉快的事情，多看一些轻松、幽默的书籍，多听一些动听优雅的音乐，进一步了解妊娠的呕吐多是由神经紊乱、精神过度紧张造成的，尽量让自己从紧张中放松下来，保持心情舒畅，保持心理平衡；和亲友聊聊天，从而减轻准妈妈妊娠的不良反应和烦躁情绪。

准妈妈情感类型

理想型妈妈

心理测验证实她们盼望得到孩子。这类妈妈在怀孕期间感觉最佳，分娩最顺利，生下的孩子身心最健康。

矛盾型妈妈

这类妈妈表面上似乎对怀孕这件事儿很高兴，丈夫、亲友也以为她们乐意做妈妈，可是，子宫里的胎宝宝却能注意到妈妈潜意识里的矛盾情绪和妈妈内心深处对他们的排斥心理。这些胎宝宝出生后,大部分有行为问题或者肠胃问题。

冷漠型妈妈

这些妈妈不想得到孩子，但她们潜意识希望怀孕。这两种信息在某种程度上全被胎宝宝所接受。这些孩子出生后，情绪、情感冷漠，整日昏昏欲睡。

不理想型妈妈

这类妈妈不愿意得到孩子。她们在怀孕阶段生病最多，早产率最高，生下的婴儿出现体重过轻或情绪反常。

胎宝宝并不是传统儿科学描述的那种消极的、无思维的小东西。大量研究表明，胎宝宝在妊娠 5 周起就能对刺激做出反应；8 周时能做出许多诸如蹬脚、摇头等动作来表示他的喜好或厌恶；从 6 个月起，胎宝宝就过着积极的情绪生活，不满意时也会发点小脾气。由此可见，准妈妈在孕育胎宝宝期间的重要作用。

准妈妈孕期全程的心理与胎教

妈妈的精神和情绪，通过神经、体液的变化，直接影响胎宝宝的血液供养、呼吸、胎动等方面的变化。宁静祥和的情绪有助于准妈妈分泌健康激素和酶，起到调节血液量和兴奋神经细胞的作用，可以改善胎盘的供血状况，增强血液中有益成分，使胎宝宝向着理想的方向发育成长，而准妈妈情绪过度紧张、悲痛、忧虑，大脑皮质的高级神经活动和内分泌代谢功能就会发生改变，造成胎宝宝发育缺陷。

怀孕早期（最初 3 个月）

准妈妈均感到将做妈妈的喜悦、幸福和自豪，这种有益的心理反应对胎教有利，但一部分准妈妈由于内分泌的变化，会产生紧张心理，尤其是有早孕反应的准妈妈，由于恶心、呕吐、眩晕、食欲减退等因素而产生种种烦恼，如担心妊娠失败，甚至厌恶妊娠、害怕胎宝宝畸形，担心流产及恐惧分娩的痛苦，这些紧张情绪都对胎教不利。

怀孕中期（3 ～ 7 个月）

准妈妈对生理及心理变化产生了适应能力，情绪渐趋稳定，妊娠初期的种种不适症状等早孕反应减轻或消失了，食欲和睡眠也恢复正常，尤其是胎动的出现对准妈妈来说是一种极大的安慰。

怀孕末期（最后 3 个月）

由于胎宝宝生长发育加快，准妈妈会感到十分疲劳，行动不便，她们会为分娩和胎宝宝的健康感到担忧，这些对胎教是不利的。

那么，准妈妈怎样才能保持良好的心境呢？丈夫要理解、关怀、体贴妻子，使她的情绪始终保持积极、愉快、心情舒畅。为了孕育一个聪明、健康、活泼的孩子，务必对腹内胎宝宝有博大爱心，加强自身修养，学会自我心理调节，善于控制和缓解不健康情绪，不要去回忆以往那些不愉快的往事和想那些办不到的事，而多去想想好事、开心事。面对逆境和困难，而处之泰然，处变不惊。准爸爸要多给准妈妈一些良性的心理刺激，尽可能避免逆性刺激，这样对胎宝宝有利。

胎教时保持良好的心理状态

胎教准备

在怀孕早期，大部分准妈妈都会感受到即将做妈妈的喜悦感、幸福感和自豪感，这种良好的心理反应对胎宝宝生长发育是十分有利的。但是也有一部分准妈妈由于内分泌的变化，加上早孕反应十分严重，会产生紧张的心理；同时，恶心、呕吐、眩晕、食欲不振等不良反应，还会让准妈妈产生种种担忧，担心妊娠失败甚至厌恶妊娠、担心胎宝宝流产或畸形、担心分娩的疼痛等，进而产生烦躁心理。所以，这个时期要及时开展冥想胎教，这样做有助于帮助准妈妈稳定情绪，给胎宝宝一个安定的生长环境。

胎教实施

在准妈妈情绪不稳定的时候，可以去想一些愉快的事情，尽量让自己从紧张的情绪中放松下来，保持心情舒畅，保持心理平衡，这样才能保护好初期孕育的胚胎，为日后胎宝宝的正常生长发育和胎教开一个好头。准妈妈坚持冥想，不仅对胎教有好处，也会对分娩有帮助。练习冥想一般需要一个月以上才可以看到效果，所以最好从怀孕的初始起一直练习到分娩之时。准妈妈每天应该练习 30 分钟到 1 小时，但也可以根据自己的身体状态适当调整练习时间。

胎教效果

准妈妈与胎宝宝的神经系统之间虽然没有什么直接的联系，但当准妈妈情绪不佳时，能刺激其自主神经系统的活动，此时内分泌腺就会分泌出多种多样的激素，这些激素又可以经过血液循环进入胎盘，使胎盘的血液成分发生变化，从而影响到胎宝宝的生长发育，导致胎宝宝出现唇裂、腭裂；同时，由于情绪紧张，导致准妈妈的体内环境发生紊乱，会使准妈妈抵抗力降低，易受病原体的感染，从而引起胎宝宝先天畸形。而准妈妈情绪愉快，体内分泌的将是有益于胎宝宝生长发育的激素。

准妈妈练习冥想可以让自己保持良好的心理状态，保持稳定、良好、乐观的心境，这就是对胎宝宝早期最好的胎教。

准爸爸要稳定妻子的情绪

宝宝在躯体或精神方面的障碍，多与父母不和及不幸的婚姻生活有关。夫妻不和给宝宝带来的危害，比妊娠期生病、吸烟、劳累等原因带来的危害还要严重。而一些直接的精神刺激往往来源于丈夫，例如丈夫出门前说："今晚 6 点钟回家。"于是妻子利索而准时地把饭菜准备好了，满心欢喜地等待着丈夫的归来。然而，7 点、8 点过去了，仍不见人归。这时，孕妻的失望和焦躁的情绪会对她的身心产生相当大的伤害。即使事后丈夫声明种种客观原因，但妻子精神上受到的刺激和不安已经不可能抹去。如果这类事情反复出现，和睦的气氛就不复存在，还可能出现夫妻间的争吵，使腹中宝宝受牵连。

丈夫应该充分地认识到：在妻子妊娠的这段特殊时期，唯有温存与体贴、快乐和幽默、理解加包容，安排好孕妻的物质生活与精神生活，才是稳定孕妻情绪的良方。下面介绍一些调节家庭气氛，稳定准妈妈情绪的方法。

· 总是以一种舒畅的心情推开家门。即使因工作不顺心或在外面遇到不愉快的事情，也应该在跨入家门的那一刻，将不良的情绪排除掉。

· 重物由丈夫下班时买（捎）回家。晚餐时说一句"晚饭后由我来收拾"这样的话，会倍添温馨。晚上主动把被子铺好，开窗通风换气。这些足以使孕妻从心理上感到满足。良好的情绪也可以通过神经递质传送给宝宝，从而有利于宝宝在性格及智力方面形成良好的基础。

· 重视宝宝的存在，养成与宝宝讲话的习惯。起床时问：“早上好！”出门时道：“我走了！”回家时说：“我回来了！”以调节家庭气氛。

胎宝宝也有“小脾气”

妈妈，“我是这样发脾气的”

一般来说，胎宝宝在孕期5周左右就会对受到的刺激做出反应，8周大的胎宝宝就已经会蹬脚会摇头，来表示不喜欢的情绪，到了6个月左右胎宝宝就开始表现出它的脾气，偶尔还会发点小脾气。而对于妈妈是不是真心欢迎他的到来也能察觉而有所反应。

（1）“我是在妈妈的期望下来到的”：宝宝是在妈妈的期望下报到的，此时准妈妈怀孕时情绪最为稳定，其喜悦的心情连宝宝都感觉得到，所以胎宝宝身心发育最为健全，胎宝宝的动作会有节奏感且自在又缓和，分娩的过程也最为顺利。

（2）“我不确定妈妈喜不喜欢我”：虽然准妈妈对外表现出的感觉都是愉悦的，但心中还是有一丝犹豫与排斥。而这样的矛盾心情一样逃不出胎宝宝的“法眼”，这类准妈妈怀的宝宝出生后，很多存在会肠胃上的问题及行为上的问题。

（3）“妈妈不想要我”：宝宝的来到不是妈妈所期望的，甚至希望宝宝消失。当准妈妈在整个孕程都处于这样的心态，宝宝早产的机会很大。则宝宝出生后会有体重过轻的现象，在情绪及情感上都会表现得较冷漠。

胎宝宝情绪不佳，会影响……

情绪是一种复杂的心理现象，一般人长期处于情绪不佳的状态就可能罹患忧郁症，若准妈妈长期处于坏情绪中，胎儿也会受到影响，胎儿处于坏情绪时当然不会罹患忧郁症，而是直接影响发育。

根据相关研究资料显示，在战乱时代出生的宝宝约有6.5%有可能出现神经系统畸形。而准妈妈在怀孕7～10周都处于情绪不佳状态时，可能使胎宝宝有口唇畸形、唇腭裂的现象。在妊娠后期准妈妈若处于忧郁、害怕、不安等心理状态时，则有可能造成胎盘早期剥离、胎宝宝死亡的情形。

在国外举办的临床实验中也显示，当准妈妈情绪不安时，胎宝宝的胎动约为一般时间的 3 倍。如果胎宝宝长期处于不安状况，胎动过于频繁会导致消耗过多热量，则出生时会比一般的婴儿轻 300 ～ 500 克。且亦可能有消化系统问题，导致出生后消化及吸收不良，甚至有哺乳困难及经常溢奶的情形。而此类的宝宝会比一般宝宝更容易受惊吓、躁动不安、睡眠较少、经常哭闹等，长大后对环境的适应也会较差。

心理健康的妈妈，才会有健康的宝宝。在孕期的每个阶段都是宝宝的重要时期，尤其怀孕后期，胎宝宝的触觉、视觉、听觉、味觉等都发育趋于成熟了，对于外界事物能感受到，甚至在肚子里也要表示一下“意见”，准妈妈们可千万别忽略了胎宝宝的情绪反应。

准妈妈选对情绪工具

准妈妈好心情

准妈妈在整个孕期要坚持有好的心情、有好的心态。一颗平常心可以孕育一个天才，一双勤劳的手可以描绘出一个漂亮的孩子，一个好的起居习惯，可以保障整个孕期的顺利和安全，保障母子平安，这也是宝贵的母子亲密、和谐的人生体验。

准妈妈不要过分担心

准妈妈在孕期经常会有一种不能自控的担心，甚至害怕胎儿畸形或残疾，因此，准妈妈要做好产前检查，了解胎儿状况，不要将这种不良的想象和担心扩大化，并且要相信自己的胎宝宝是绝对杰出的！只有准妈妈充满信心，才能建立胎儿的自信，促使胎儿的性格及身体器官发育达到最佳状态。

夫妻共同参与

夫妻双方要共同参与情绪胎教，确定彼此在家庭的定位。首先准爸爸要具有责任心、事业心、安全感，准妈妈也一样。准爸爸的责任与准妈妈的行为，决定着未来家庭教育成功与否。

打造全才宝宝

准爸爸准妈妈同心协力，启动夫妻双方遗传基因中最优秀的部分，使胎儿的发育达到最佳状态，因此可以说，情绪胎教能打造全才后代。准爸爸准妈妈自身的修养和品质决定了胎儿的品德，父母的爱创造着奇迹，将人类的主观美好愿望传递给下一代，强烈的欲望加上正确的方式，情绪胎教就是这样来打造全才后代的。

选对情绪胎教“工具”

情绪胎教承载着家庭教育的重要使命。情绪胎教的工具包括健康的心理，以及好的图片、音乐、书籍、环境、衣着、形象。夫妻双方的心理健康，是支持情绪胎教的决定因素。需要注意的是，阅读相关的育儿书籍，已经是现代准妈妈的习惯，但是真正的成功家教不在书上，而在父母的心里。父母有多大的决心，育儿成功就有多大的保障。

准妈妈要避免孤单

情绪胎教是一种交流胎教，是实现梦想的翅膀。准妈妈要避免孤独、封闭自我，多做户外运动，例如，在孕早期应积极在家人的陪伴下外出，在大自然的山水中使自己的灵魂稳定、安静、平实，保持心如止水的爱。

让胎宝宝开心的好方法

(1) 大声唱喜欢的歌

唱歌会使整个人放松。哼歌或是到卡拉 OK 唱歌都能改善心情，消除紧张。妈妈放松，宝宝自然会乐得自在了。

(2) 每天楼下散散步

散步是最能让人放松的运动。在空气清新的时候散步不只是一种享受，还能让肚里的宝宝享受太阳浴和轻微震荡带来的按摩效果，他会和你一样心情愉快的！

(3) 找件自己喜欢做的事

怀孕期间要经常投自己所好，做自己喜欢做的事也是最好的放松方式。练习书法、绣十字绣，哪怕是玩游戏，只要不让自己过于劳累，任何让自己高兴的事都可以。妈妈心情愉悦，通过胎盘和脐带输送给胎儿的血液和氧气就会格外地充足，宝宝也会感应得到。

(4) 待在人群里

在身体条件允许的情况下，尽量保持工作的状态，待在人群里，与人交流有助于把对怀孕这件事的注意力转移到工作上，消除紧张情绪。

(5) 听着舒心的音乐入眠

午睡的时候听点轻柔的音乐能让心情更加舒畅。这样休息 40 ～ 60 分钟体力就能够得到恢复。有音乐不仅心情会变好，而且也能够让准妈妈心绪平静，好好睡一觉。

(6) 有规律地进食，少食多餐

规律的饮食有利于保持良好的身体状态。准妈妈要尽量选择新鲜的食物，各种食物的搭配也应该丰富一点。任何时候，也不要喜欢吃什么就狂吃一顿，不喜欢吃的时候，一点都不吃。少食多餐，不仅可以保证能量的均衡摄入，更好地控制体重，更重要的是能够帮助准妈妈保证血糖的平稳。

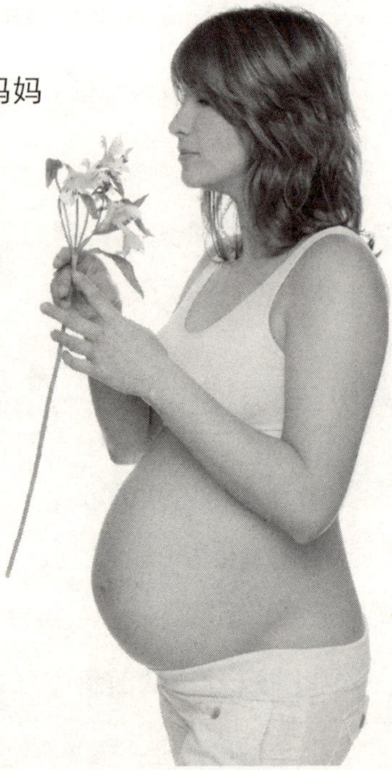

(7) 多喝白开水，少喝饮料

怀孕后血流量和新陈代谢增加，准妈妈应该多喝些水，否则，没有足够的血液携带氧气和养分供给胎儿。最好不要用含糖的饮料和果汁代替正常的补水。

Part4

营养胎教
进行时

最简单、有效的“食”现好宝宝

营养胎教对胎宝宝的帮助

(1) 避免胎儿低体重或长成巨大儿

孕妈妈营养不足，会影响胎儿的生长，使低体重儿的发生率增加。反之，则会使巨大儿的发生率增加。

(2) 避免胎儿骼和牙齿发育不良

胎儿的骨骼和牙齿的钙化，是在胚胎 2 个月时开始进行的，8 个月后增加迅速。决定人类牙齿整齐、坚固的关键时期是在胎儿期和婴儿期。

(3) 避免胎儿缺乏生长所需营养素

孕妈妈科学地进食，可为胎儿提供生长发育所需的各种营养素，避免流产、早产、死产等不良结局，保证大脑发育；并可储存足量的铁和钙，避免出生后患缺铁性贫血和佝偻病。

营养胎教对妈妈的帮助

(1) 避免形成缺铁性贫血

孕妈妈身体处于生理性贫血状态中，如果饮食中缺铁，更易发生缺铁性贫血。不仅影响胎宝宝的生长发育，严重时可致孕妈妈分娩时子宫收缩无力和产后出血。

(2) 避免身体缺钙和维生素 D

胎儿需从孕妈妈的身体里摄取大量的钙，因此孕妈妈容易发生缺钙。如果营养充足，就会避免这种现象的发生。缺钙和维生素 D 易引起妊娠高血压综合征，严重时可造成孕妈妈骨质软化。

(3) 避免难产及并发其他疾病

如果孕妈妈饮食不科学，如吃得过多会使胎儿长得太大，分娩时易导致难产；还会因营养过剩而发生肥胖，不仅影响体形，日后还易发高血压、糖尿病和动脉硬化。

如何做好营养胎教

(1) 培养良好的饮食习惯

经常表现出没有胃口、不喜欢吃东西、吐奶、消化吸收不良等症状，或在宝宝稍大一点开始进食副食品时，即出现明显偏食的现象，追溯既往，则发现其妈妈在怀孕时的饮食状况往往也是胃口不好、偏食，或是吃饭的过程紧张匆忙，常被外界干扰打断。或者是常常有一餐没一餐的。由此可见，妈妈的不良饮食习惯对胎儿的影响是很大的，所以为了以后少为宝宝的饮食问题操心，应该培养自己良好的饮食习惯。

(2) 要做到规律饮食

即三餐定时、定量、定点。最理想的吃饭时间为早餐 7～8 点，午餐 12 点，晚餐 6～7 点，吃饭时间最好控制在 30～60 分钟。进食的过程要从容，心情要愉快。三餐都不宜被忽略或合并。尤其是早餐，而且分量要足够，每餐各占一天所需热量的 1/3，或呈倒金字塔形——早餐丰富、午餐适中、晚餐量少。吃饭的时候最好固定在一个气氛和谐、温馨的地点，且尽量不被外界干扰而影响或打断用餐。

(3) 营养要均衡而多变

身体所需的营养尽量由食物中获得。不同的食物所含的营养素是不一样的，目前仍有许多营养素尚未被发现。所以建议您多变化食物的种类，每天可吃 2～5 种不同的食物，营养才易充足。补充营养要科学、合理。不要认为多多益善，拼命地补充营养，这样会造成孕妈妈发胖，不利于孕妈妈的分娩。

(4) 要以没有加工的食物为主

因为没有加工的食物中营养素不容易丢失，有利于为胎儿提供全面的营养。妈妈在怀孕时尽量多吃原始食物，如五谷、青菜、新鲜水果。烹调时以保留食物原味的方式为主，少用调味料，少吃垃圾食品，让宝宝还在肚子里时就习惯此类的饮食模式，加上日后用心培养，就不会为孩子“不爱吃青菜、正餐，喜吃饼干、糖果、汉堡、可乐”而烦恼了。

(5) 注意铁质的摄入

铁的摄取是一定不可缺少的，因为铁是生产血红蛋白的重要原料，而血红蛋白把氧运送给细胞，人体需摄取少量铁，贮存在组织中，胎儿就从这个“仓库”中吸取铁，以满足自己的需要。

到了妊娠中后期，孕妈妈的血容量增加，使红细胞相对不足。另外，母体除了本身对铁的需求之外，还要供给日益成长的胎儿对铁的需要。妈妈贫血容易出现水肿、妊娠中毒症、心功能障碍，还会使胎儿发育不良、体重偏低、早产甚至死亡。

因此，此时孕妈妈应该多吃一些含铁丰富的食物，如奶类、蛋类、瘦肉、豆制品、动物肝脏等，还需要多吃西红柿、绿色蔬菜、红枣、柑橘等富有铁质的水果等。如果血红蛋白低于 100 克 / 升，应遵医嘱补充各种含铁剂药物及维生素，直到血红蛋白恢复正常为止。

(6) 其他注意事项

如果孕妈妈下腹部突出，是因为体内热量过高或体力不足，加上胃肠功能也弱，所以要将少量营养价值高的食物，制成易消化的状态食用，不要吃生冷和酸味的食物。

最好采取少食多餐的方式，一天分 4 ～ 5 次进餐，可达到收敛效果。如果孕妈妈腰部突出，是因为过去吃了过量的食物，此时应避免过量的饮食，并减少热量高的食物。最好不要吃有刺激性、有兴奋作用以及会破坏神经平衡的食物。

饭后，一定要先躺下来休息 10 ～ 30 分钟，然后对耳朵做指压，并让眼睛得到充分的休息。另外，不要让肚子太饿，也不要暴饮暴食。

女性在怀孕第 6 个月时，应补充足够的维生素。而只有养分均衡的饮食，才能保证维生素的摄入。

温馨提醒：妊娠中的运动，不仅对安胎有帮助，也能有效地转变孕妈妈的心情。运动能充分地摄取氧气。通常，胎儿是通过脐带来摄取氧气或营养，如果孕妈妈能充分地摄取氧气，胎儿的脑即会因为充足的氧气而变得活性化。

tips

孕期的营养要合理全面均衡，增加食物的种类，不要偏食，减少高脂高糖高盐饮食，多食新鲜菜蔬水果及坚果食品，注意微量元素维生素的补充，适时进行胎教，保持良好的心情，胎教声音不宜过大，不能把音响放置于腹部，胎教的方式很多，可以结合自己的喜好和条件选择。

营养胎教让宝宝生来爱蔬菜

羊水母乳可传递味道

这项科学发现意味着，父母可能再也不需要为了说服孩子多吃蔬菜而软硬兼施。科学家表示，甚至在孩子出生之前，妈妈就可以提前培养他们的口味，多吃甘蓝、西兰花和胡萝卜等健康蔬菜，让孩子在妈妈肚子里就开始适应这些蔬菜的味道。

美国费城莫奈尔化学官能中心的朱莉·梅里娜表示："羊水和母乳能够传递妈妈所吃的食品的味道。如果妈妈定期吃特定的食物，宝宝慢慢就会习惯和爱上这些食物。"

营养胎教调宝宝口味

据报道，这种技巧适用于多种蔬菜。在其中一次试验中，梅里娜让一组正在怀孕的妇女和另外一组正在哺乳的妇女定期喝胡萝卜汁，然后通过追踪研究发现，她们的孩子比那些没有定期喝胡萝卜汁的妇女的孩子更喜欢喝胡萝卜汁。

另外一次针对水果的类似试验也显示，哺乳期间吃生桃子的女性，她们的孩子也更乐意接受吃生桃子。

在第三次试验中，研究者给孩子在吃母乳的同时也给妈妈吃豌豆。刚开始的时候，孩子很抗拒豌豆，但是在妈妈吃豌豆一段时间之后，孩子也跟着开始愿意吃豌豆了。

婴儿拒绝苦味源于自保天性

梅里娜表示："婴儿天生就不喜欢苦的味道。如果妈妈希望她们的孩子喜欢吃蔬菜，特别是绿色蔬菜，她们首先得给机会让孩子适应这些蔬菜的口味。"

法国的一项研究显示，经常喝芹菜汁的妈妈，生下来的宝宝也更容易接受芹菜的味道。其他研究也证实了妈妈对大蒜的喜爱也可以"传染"给孩子。

科学家表示，婴儿天生抗拒苦味的原因可以追溯到人类漫长的进化过程。苦味通常由植物毒素里面所含的生物碱造成，这些毒素是植物为了防止自己被吃掉而分泌出来的。在进化过程中，人类渐渐对这种苦涩的味道产生本能的抗拒，因此婴儿天生会拒绝特殊的苦味。

营养胎教培养宝宝健康饮食习惯

胎教影响宝宝饮食

虽然目前并无严谨的实验证实，但从临床中的个案却可发现，如果宝宝从一出生起尚未有行为或认知能力之前，就经常表现得没有胃口、不喜欢吃东西、常吐奶、消化吸收不良，甚或是稍大一点开始进食副食品时，即出现明显偏食的现象。则追溯既往，其妈妈怀孕时的饮食状况往往也是胃口不好、偏食，或是吃饭的过程紧张匆忙、常被外界干扰打断、亦或是常常有一餐没一餐的。看来，妈妈的饮食状态和其他任何一种胎教方式一样，对宝宝有着不可忽视的影响!

饮食胎教 3 法则

如果妈妈们不希望日后老是为宝宝的饮食问题操心，那么，从怀孕时就要养成良好的饮食习惯，因为言传不如身教，要让胎宝宝最深切地感受到妈妈的榜样作用。

三餐定时、定点、定量

定时：也许怀孕的你还在上班，但是不管多么忙碌，都应把吃饭的时间还给自己。最理想的吃饭时间为早餐 7～8 点，午餐下午 1 点，晚餐下午 6～7 点；

用餐的时间最好控制在 30 ～ 60 分钟，进食的过程要从容，心情要愉快。

定点：如果你希望未来宝宝吃饭时能坐在餐桌旁专心进餐，那么准妈妈现在就要养成定点吃饭的习惯，用餐的时候最好能选择在一个气氛和乐、温馨的地点，且尽量不被外界的干扰而影响或打断。

定量：准妈妈可以适当地少吃多餐，但绝不能把必要的三餐忽略或合并，也不要今天多吃一些，明天少吃一些。三餐分量要足够，摄入量可呈倒金字塔形——早餐丰富、午餐适量。

多吃不同种类的食物

准妈妈要平衡膳食，尽量从食物中摄取身体所需的各种营养素，这并不是说吃得多就可以了，而是食物的种类要多。每天吃 15 种不同的食物，营养才能充足。

不同的孕期应侧重不同的营养摄入。孕初期，胎儿较小，生长缓慢，需摄取的营养素不多。准妈妈只需在膳食中增加一些含矿物质和维生素较多的食物即可。孕中期，胎儿发育明显加快，营养需要量也越来越多。准妈妈应多喝水，多吃粗粮、青菜、水果等含粗纤维多的食物。到了孕晚期，胎儿要发育肌肉、骨骼和大脑，准妈妈需要补充一些含钙、蛋白质和维生素较丰富的食物。如鱼、肉、蛋、肝等食物。

远离零食口味清淡

许多妈妈都曾为宝宝不爱吃蔬菜、正餐，却对各种零食情有独钟而烦恼过，所以，准妈妈在怀孕时也要尽量多吃原始食物，如五谷、青菜、新鲜水果等，烹调的方式以保留食物原味为主，少用调味料，少吃垃圾食品，让宝宝还在肚子里时就习惯此类的饮食模式，加上日后的用心教导，相信培养宝宝良好的饮食习惯，一定能事半功倍。

孕早期的营养胎教

胎教准备

孕早期正处于胚胎细胞分化增殖和主要器官形成的重要阶段。大部分孕妈妈可出现不同程度的早期妊娠反应，而这往往易使孕妈妈改变饮食习惯，影响营养素的摄入。如果你早晨起床就想吐，往往是因胃内无物所致，要减轻症状，应睡前加餐，这样可以使夜间有较多的热量供给胚胎细胞生长。如晨起症状明显，最好立即往嘴里放点咸味食物，假如怕吐而不吃，则症状会持续更长时间。

大部分孕妈妈偏爱酸性食品，带酸味的食品能增加食欲，帮助孕妈妈顺利地进行糖代谢，以改善身体状况。有时厌食的症状可能是由于食物的气味引起。要减轻这些症状，应尽量减少食物烹调的时间，在烹饪时间内闻不到气味；还可以吃冷却的食物，如凉拌食物沙拉、豆腐、蔬菜等。不断呕吐可引起体内水分丢失，为维持新陈代谢、排出体内废物，必须补充水分。所以尽量保证液体食物的摄入量，如牛奶、豆浆、含水分多的蔬菜和水果。另外，注意食物的颜色及味道的不断变化，也可增加食欲。

色彩的搭配。要注意原料色彩鲜明，相互映衬。若准妈妈喜欢清淡口味的，菜的主料、辅料色彩可以基本一致。味的配合要注意浓淡相宜。如多脂肪的肉类，味浓腻，则应加配一些应时的蔬菜，如菜心烧肘子等；再如动物性原料的蛋白质，经过加温或经酸、碱、酶的作用之后，会散发出各种鲜香的味道。

总之，孕早期主要应合理调配膳食，防止剧烈妊娠反应引起母体严重营养缺乏，从而导致胎儿发育不良。

胎教实施

孕早期，准妈妈的饮食有一些特殊需要。首先，准妈妈的热量需求较高，当然，也不宜摄入过多的脂肪；其次，营养素要相应增加：准妈妈每日每千克体重需蛋白质 1～2 克、矿物质 1 克，而且必须增加维生素 A、B 族维生素、维生素 C、维生素 D、维生素 E 的摄入量，少食多餐，多吃水果、蔬菜；再次，准妈妈要忌烟、酒、茶、咖啡、辣椒等，为增加食欲，可适当增加酸、甜食物的摄入量。此外，还要注意保证充足的休息与营养，摄取低盐饮食等。确定怀孕后，每日需补充叶酸 0.4 毫克，直到孕 12 周。

胎教效果

营养不良的准妈妈不仅容易在妊娠期间发生并发症，而且患其他孕期疾病的概率要远高于营养良好的准妈妈。所以，怀孕后准妈妈要保证营养摄入的全面和均衡，所食用的食物种类要杂而多，宜粗少细，同时避免食用污染过的食物，不挑食不偏食，这样做就能基本从日常饮食中摄取足够的营养，也就能基本满足胎宝宝最初的营养需要。

早孕反应处置不当影响胎宝宝智力

女性怀孕初期 3 个月是决定新生儿智力高低的关键时期，而宝宝的心、脑、口、牙、耳、腭等器官分化，均在孕初 3 个月内形成。同时，准妈妈的妊娠反应往往在这个关键时刻表现更为明显。在此期间，准妈妈的胎盘会分泌出一种叫绒毛膜促性腺激素的物质，该物质能抑制胃液的分泌，使胃液显著减少，影响准妈妈的正常消化吸收功能，使人产生恶心、呕吐、不思饮食等现象，致使准妈妈出现消瘦、体重下降等，直接影响宝宝的健康，严重时会影响宝宝的营养需求量及脑细胞的发育。

早孕反应其实是一种正常、暂时的生理现象，为了将来宝宝的健康，准妈妈应积极乐观地予以克服。一方面，调整心理状态，避免紧张、焦虑、烦躁等消极情绪。另一方面，宜采用少吃多餐制，吐了再吃的方法，并多吃一些对宝宝脑部发育有益的食品。众所周知，蛋白质、矿物质、维生素和糖等均是宝宝大脑发育不可缺少的必需成分，故准妈妈的食物应多样、清淡、易消化，以利于胎宝宝成长。

孕中期的营养胎教

孕吐一般不影响宝宝生长

怀孕的前 3 个月，因为孕吐，常常食欲不振。可是一进入第 4 个月，孕吐一下消失了，而且胃口大开，见什么都馋，吃什么都香。孕吐的时候吃不下东西老担心肚子里的宝宝营养不良，这个时候，如果去医院做 B 超的话，你就能看到胎儿健康活泼的样子。小家伙手脚乱动，一点也不规矩。有时候他用那小小的手往脸上凑，有时还忽上忽下，忽左忽右地晃动他那大大的脑袋。以前由于自己孕吐一直担心宝宝是否健康的妈妈，一看到小家伙在肚里那么活泼，做着一连串的动作，自然就大大放心了，母子之情到此时就进入一个新的阶段。

保质不求量

胎儿的活动量越大，对来自母体营养的要求也大大增加。于是有很多人劝孕妈妈吃东西时总是说："你要多吃点，现在要吃两个人的饭。"这话并不对。吃东西关键不在"量"，不是原来吃一碗，现在吃两碗就行了，关键在"质"，要保证食物的质量，使营养平衡，不管你吃多少，如果不能保持营养平衡，吃下的东西就不能很好地消化、吸收。我们所说的保持营养平衡，是指从各种食物中普遍吸取各种营养素（蛋白质、糖、脂肪、无机盐、维生素等）。

多种食物保平衡

加强营养当然要吃荤菜，但同时还要多吃蔬菜、海藻、水果等。补充蛋白质方面，也不要光吃肉，还要吃点鱼、豆类、鸡蛋、牛奶等，要尽量吃多种东西，特别是对生成胎儿的血、肉、骨髓起着重要作用的蛋白质、铁、钙等成分，这个阶段的需要量比平时大得多。据资料表明，由于维生素与钙的作用，促进骨骼生长的维生素 D 比平常的需要多出 4 倍。

方便食品要少吃

要注意少吃清凉饮料、罐装橘汁、方便面等等。特别是夏天，有些孕妈妈口渴了拿起冰箱里的饮料就喝，还以为可以增加营养。其实不然，砂糖本身就有消耗钼的副作用，而一罐清凉饮料中就含有一大勺砂糖，这样不管你如何添加含钙的食物，甚至吃钙片，这么大量的砂糖一进攻，你的一切都是徒劳，等于什么都没吃。

方便面这类食品最大的问题就是含盐太多，会引起水肿或妊娠中毒症，对此不可掉以轻心。要是吃方便面，就要少放佐料。

饭菜要清淡

饭菜应该清淡些。这不光是在妊娠时有好处，也关系到婴儿断奶后的饮食。如果孕妈妈口味重，怀孕时总吃咸的，宝宝也会变得口味重起来。吸收的盐分过多，成年之后就容易得高血压、脑出血之类疾病。

胎儿完全是由妈妈吃下去的营养培育大的。所以，吃东西不能太马虎、太凑合。如果孕吐停止了，不妨和家人一面谈着宝宝，一面愉快地进餐，这时小宝宝准会在你肚里快乐地成长。

在妊娠4～7个月(13～27周)，这个时期胚胎发育阶段完成，胎盘已经形成，流产的危险性大大减少，胎儿在母体内生长速度也较快，孕妈妈的妊娠反应减轻，食欲渐渐增加，腹部隆起并不突出，身体活动尚且自由。妈妈和胎儿都进入了安定时期。这是一个纠正、弥补、调整、补充营养的大好时期，要充分利用此期，纠正早孕呕吐期造成的电介质紊乱，弥补早期营养素的丢失。根据胎儿生长发育的需要，及时补充各种所需的营养素，给妈妈和宝宝最好的呵护。

孕中期是胎儿迅速发育的时期，处于孕中期的准妈妈体重迅速增加。这时，准妈妈要补充足够的热能和营养素，才能满足自身和胎儿大脑、肌肉、骨骼发育的营养物质。并且从孕中期开始，母体内就要逐渐储存一定量的能量、蛋白质、脂肪、钙、铁等营养素，为分娩做准备。但是孕妈妈也不能不加限制地过多进食。过度进食不仅会造成准妈妈身体负担过重，还可能导致妊娠糖尿病的产生。

准妈妈此时要有意识地增加蛋白质的摄入量，可有选择地增加豆类、蛋、奶、瘦猪肉、牛羊肉、鱼、猪肝、海带、蔬菜、瓜果等食品。对于刺激性强的食物如浓茶、浓咖啡、辣椒等，应尽量避免。

孕中期：补充营养的最佳时期

纠正和弥补、调整和补充营养的最佳时期

胎儿："相对舒适"的孕中期胎儿生长发育增快，特别是脑的发育，不仅重量增加，而且脑细胞的数量开始迅速增加，所以需要增加有利于大脑发育的营养物质。如:磷脂和胆固醇等脂类。胎儿内脏系统开始分化，开始形成循环功能、肝、肾功能，胎儿各系统功能的加强，使母体负担加重，需求和消耗增加。如：肾脏需排出自身及胎儿的代谢废物，肾小球的滤过能力增加；肾血流量增加，负担加重。胎儿的骨骼开始骨化，母亲的体重、乳房、子宫逐渐增大，母体各个器官、系统功能加强，基础代谢增加，并且从孕中期开始，母体内就要逐渐储存一定量的能量、蛋白质、脂肪、钙、铁等营养素。

孕妇:妊娠反应减轻，食欲渐渐增加，腹部隆起并不突出，身体活动尚且自由。这是一个纠正、弥补、调整、补充的大好时期，要充分利用此期，纠正早孕呕吐期造成的电介质紊乱，弥补早期营养素的丢失，调整机体的营养状况，系统地进行各方面的检查，结合自身的具体情况，可与营养专业人员配合，定期做营养监测和评价，旨在根据胎儿生长发育的需要，及时补充各种所需的营养素，给母亲和宝宝最好的呵护。

补充原则：孕中期应做到缺什么，补什么，缺多少，补多少，既要注意营养不良，又要防止营养过剩，切忌盲目乱补，一则是避免营养不均衡，二则是避免孕期过胖，产后减肥困难。要结合孕中期的供给量标准，注意饮食结构安排，荤素搭配，粗细配合，混合摄入，花样齐全，真正使机体处于营养平衡的良好状况。

孕中期准妈妈的膳食应做到

由于胎儿生长发育迅速，对各种营养物质的需求会相应增加，所以孕中期的准妈妈需要补充丰富的营养，如蛋白质、维生素、碳水化合物、矿物质等。因此，必须适量增加这些物质的摄入，多吃一些蛋类，奶类制品、肉类、五谷杂粮、蔬菜及水果，以保证胎儿的发育。

(1) 增加热能

由于孕中期基础代谢加强，对糖的利用增加．应在孕前基础上增加能量，每天主食摄入量应达到或高于 400 克(8 两)，并且精细粮与粗杂粮搭配食用，热能增加的量可视准妈妈体重的增长情况、劳动强度进行调整。

(2) 保证优质足量的蛋白质

为了满足母体和胎儿组织增长的需要，并为分娩消耗及产后乳汁分泌进行适当储备，应增加蛋白质摄入量，每天比妊娠早期多 15～25 克蛋白质。动物蛋白质占全部蛋白质的一半以上。

(3) 供给适宜的脂肪

脂肪开始在腹壁、背部。大腿等部位存积，为分娩和产后哺乳做必要的能量贮存。准妈妈应适当增加植物油的量，也可适当选食花生仁。核桃．芝麻等含必需脂肪酸含量较高的食物。

(4) 摄入足够的维生素

孕中期对叶酸、维生素 B_{17}、维生素 B_6、维生素 C 以及其他 B 族维生素的需要量增加，应增加这些维生素的摄入。这要求孕中期选食米、面并搭配杂粮，保证准妈妈摄入足够的营养。在北方日照时间短的地区会有部分准妈妈缺乏维生素 D，故这部分人应注意多吃海水鱼、动物肝脏及蛋黄等富含维生素 D 的食物。

(5) 多吃无机盐和微量元素

准妈妈从孕中期开始加速钙的吸收和体内钙的贮存，如果准妈妈得不到充足的钙。首先，为了保证胎儿对钙的需要，母体会动用自身骨骼中的钙，结果使准妈妈血钙降低，诱发小腿抽筋或手足搐搦，严重时准妈妈出现骨质疏松、骨质软化；其次，会使孩子患先天性佝偻病，孩子出生后因体内的钙储备量不足，新生儿期容易出现手足搐搦症，表现为烦躁不安、肌肉抽搐、面色发青、喉痉挛、腕踝阵挛等。因此，准妈妈补钙非常重要。中国营养学会建议，孕中期每日应摄入钙 1000 毫克。所以，孕中期准妈妈应多吃含钙丰富的食物，补充奶类及奶制品，豆制品、鱼、虾等食物。

胎儿骨骼的生长和牙齿的形成与发育需要钙，正常成人每日钙的供给量为 800 毫克，孕中期钙的供给量要比孕前增加 200 毫克，每日应摄入 1000 毫克。

tips

胎儿胖瘦与人的代谢率有一定关系。不同的人代谢率不同，通常来看，代谢率较低的人容易长胖。如果父母属于那种容易长胖的类型，孩子就容易偏胖。如果父母中有一人肥胖，孩子发胖的机会是 30%。如果父母双方都肥胖，孩子发胖的机会是 50% ～ 60%。由此可见，孕前准爸爸准妈妈保持身材很重要。

钙补充的过程中应注意以下三个方面

(1) 摄取含钙量丰富的食品。如：牛奶是钙最好的食物来源，还有奶制品、海产品、大豆及豆制品、深绿色的叶菜等。每天保证喝两袋牛奶或牛奶、豆浆各一袋。

(2) 增加户外活动，接受紫外线的照射，使体内产生促进钙吸收的维生素 D。

(3) 适当增加运动，可通过骨骼肌的运动使钙沉积在骨骼上，有利于钙被机体利用。可在阳光明媚的大路上散步，每天坚持 30 至 40 分钟；在宽敞的操场上做孕妇保健操。

摄入足量的锌也是同样重要的。如果胎儿得不到充足的锌，会影响胎儿骨骼的生长；造成胎儿宫内发育迟缓；胎儿的免疫力下降。中国营养学会建议准妈妈每日的锌摄入量为 20 毫克。因此，准妈妈应多食牡蛎、肉类、动物肝脏、蛋类、海产品等含锌较丰富的食物。并且，孕中期对碘的需要量也增加了，所以也应多吃含碘的食物，及时补充各种海产品如海带、紫菜。

孕中期准妈妈勿忘补铁

据调查，我国准妈妈缺铁的现象较为普遍，贫血患病率为 30% 左右。胎儿出生时体内贮存铁约 300 毫克，能满足婴儿生后 4 ～ 5 个月的需要。由于妊娠血容量的增加，为了提供胎儿生长过程中所需铁及胎盘中的血液循环和补偿分娩失血及产后哺乳，准妈妈需在孕中期开始补充铁质。

如果准妈妈缺铁，可使胎儿体内铁贮存减少，出生后易患缺铁性贫血。中国营养学会建议孕中期每日铁的供给量为 25 毫克。所以，准妈妈应当多吃含铁丰富的食物，补充动物血液。肉类、肝脏等富有血红素和铁的食品，以及如菠菜这样含丰富铁的菜蔬，同时，补充维生素 C 以利于增加铁的吸收。除此以外，可在医生的指导下补充铁剂。

抓紧饮食补充铁、蛋白质和钙质

胎教准备

妊娠中期，准妈妈的血色素是 11 ～ 12 克 / 毫升，到妊娠第 8 个月时，则往往降至 10 克 / 毫升。所以，为了保证准妈妈的血色素含量，从妊娠第 5 个月左右起，就要开始食用含高铁质的食物，这时期的准妈妈每天需要 1 毫克左右的铁质。

妊娠中期，胎宝宝的生长速度很快，尤其需要大量的蛋白质营养，如果准妈妈蛋白质摄入量不足，就会影响胎宝宝的生长发育。所以，准妈妈要注意及时补充蛋白质。准妈妈怀孕 5 个月后，每天对钙的需要量有所增加，准妈妈补钙最迟不要超过怀孕 20 周，因为这个阶段是胎宝宝骨骼形成、发育最旺盛的时期。一般来说，孕中期钙的供给量要比孕前期有所增加，每日应摄入 1500 毫克钙才能达到平衡。

胎教实施

【姬菇牛肉】

原料：姬菇 35 克，牛肉 30 克，生姜 5 克，花生油 8 克，盐 4 克，味精 2 克，蚝油 3 毫升，香油 1 毫升，水淀粉适量。

做法：姬菇去根洗净，牛肉去筋切片，生姜去皮切片。牛肉片加入适量的盐、味精、水淀粉腌好，静置 5 分钟。烧锅下油，将牛肉片滑炒至八成熟，倒出待用。另烧锅下油，待油热时，下入姜片、姬菇、盐，炒至八成熟，加入牛肉片，调入味精、蚝油，翻炒数次，用水淀粉勾芡，淋入香油即成。

牛肉有补脾胃、益气血、强筋骨的功效。此菜含铁丰富，能有效补充准妈妈和胎宝宝生长所需的铁质。

【玉笋炒鸡条】

原料：小竹笋 80 克，鸡胸肉 50 克，红椒 1 个，生姜 5 克，葱 7 克。花生油 110 克（实耗油 15 克），盐 8 克，味精 3 克，水淀粉适量，香油 1 克。

做法：小竹笋切成条，鸡胸肉切条，红椒去子切条，生姜去皮切丝，葱切段。鸡肉加适量盐、味精、湿淀粉腌好。烧锅下油，待油温 90℃时，倒入鸡肉，滑嫩倒出。锅内留油，放姜丝、小竹笋、红椒，加入盐炒至断生，投入鸡肉、葱段，调入味精炒透，再用水淀粉勾芡，淋入香油即可。

鸡肉是理想的含锌量较高的高蛋白食品，有补益养血、养精填髓的功效，有利于促进胎宝宝正常发育。

胎教效果

有的准妈妈服用含铁质的药剂，由于铁质的吸收率只有 10% ～ 15%，所以，实际上需食用 8 毫克以上的铁质食物，才能保证准妈妈每天 1 毫克左右铁质吸收的需要，而且铁剂容易引起胃痛、食欲不振、恶心反胃等现象，不如食补。

奶、蛋、肉、鱼及乳制品富含动物蛋白，豆类（包括大豆、花生等）、谷类及部分蔬菜则富含植物蛋白，最好将两类食物搭配食用，如乳制品与蔬菜、谷类与肉类共同食用才能获得全面必需的蛋白质，以满足胎宝宝和准妈妈的需要。

钙是人体内含量最多的无机盐，它不仅是构成骨骼组织的主要矿物质成分，而且在机体各种生理和生物化学过程中起着重要作用。钙是维持神经功能及肌肉伸缩力所必需的，正常人如果缺钙，就可能导致神经肌肉应激性增高而发生小腿抽筋，严重时可使骨骼变得软化，甚至牙齿脱落。如果准妈妈缺钙，就有可能出现钙代谢平衡失调。

准妈妈在妊娠中期缺钙，可导致胎宝宝先天性佝偻病；胎儿出生后，很容易发生新生儿先天性喉软骨软化病，导致新生儿喉的入口处易阻塞，这对新生儿健康是十分不利的。此外，准妈妈补钙还可预防妊高征的发生，并防止产后出现腰椎和下肢疼痛，甚至骨质疏松。所以，准妈妈在妊娠中后期要积极补钙。

只要不是特殊体质，准妈妈平日加强补钙，多吃些含钙丰富的食物，从膳食中是完全可以得到所需的钙量的，准妈妈一般不需要额外增服钙剂等保健品。

如果妊娠期准妈妈额外大量补钙，有可能引起高钙血症，甚至导致结石，这对胎宝宝是一种潜在性的隐患，应特别引起注意。

孕晚期的营养胎教

增加蛋白质和热能

胎儿身体增大，大脑发育加快，孕妈妈代谢增加，胎盘、子宫和乳房等组织的增大需要大量蛋白质的储存以及热量的供应（每克蛋白质可供热能 4 千卡）。因此需要增加蛋白质，每日摄入量不少于 80 克（在未孕基础上每日增加 25 克）。

脂肪和碳水化合物不宜摄入过多

孕晚期绝大多数孕妈妈由于各器官负荷加大，血容量增大，血脂水平增高，活动量减少，总热能供应不宜过高。尤其是最后一个月，要适当控制脂肪和碳水化合物的摄入量，以免胎儿过大，造成分娩困难。

继续保证足量的钙和维生素 D 的摄入

孕期全过程都需要补钙，但孕晚期的需要量更要明显增加，因为胎儿的牙齿和骨骼的钙化加速，体内钙的一半以上是在孕晚期最后两个月储存的。同时应多摄入维生素D，以促进钙的吸收。孕妈妈每日膳食中应供给维生素 D_{10} 微克（相当于 400 国际单位），海鱼、肝、蛋黄、奶油中含量较高。孕妈妈还可以在户外散步，让阳光照射皮肤也可增加维生素 D。

营养胎教百味屋：最佳补脑食品

深色绿叶菜：深色绿色菜中含有丰富的维生素，其中维生素 B_6 和 B_{12} 可以防止类半胱氨酸氧化。类半胱氨酸是蛋白质食物新陈代谢过程中产生的一种物质，其本身对人体无害，但如果含量过高就会引起心脏病和认知方面的障碍。如果类半胱氨酸一旦氧化，会对动脉血管壁产生毒副作用。

鱼类：鱼类脂肪中含有 W-3 脂肪酸，能保护人的神经系统，起到健脑的作用。

研究表明，与很少吃鱼的人相比，每周至少吃一顿鱼特别是三文鱼、沙丁鱼和青鱼的人，老年痴呆症的发病率会低很多。另外，吃鱼还有助于加强神经细胞的活动，从而提高学习和记忆能力。

全麦制品和糙米：糙米中含有丰富的维生素，对于保持认知能力有重要作用，尤其是维生素 B_6 对于降低类半胱氨酸水平至关重要。因此，一般认为，增强机体营养吸收能力的最佳途径是食用糙米。

大蒜：大蒜能够促进葡萄糖转变为大脑能量。人的大脑活动的能量主要来自葡萄糖，而维生素 B_1 能促进葡萄糖发挥应有的作用。其实，大蒜本身并不含大量的维生素 B_1，但它能增强维生素 B_1 的作用，因为大蒜可以和维生素 B_1 产生一种叫“蒜胺”的物质，而蒜胺的作用要远比维生素 B_1 强得多。

鸡蛋：鸡蛋是补脑的佳品，首先，鸡蛋中所含的蛋白质是天然食物中最优良的蛋白质之一，富含人体所需要的氨基酸；其次，蛋黄含有丰富的卵磷脂、钙、磷、铁以及维生素 A、B 族维生素、维生素 D 等。

豆类及豆制品：豆类及豆制品中含有人体所需的优质蛋白和 8 种必需氨基酸，富含卵磷脂、丰富的维生素及其他矿物质，能增强脑血管的机能，很适合脑力工作者。大豆脂肪中含有 85.5% 的不饱和脂肪酸，其中又以亚麻酸和亚油酸含量最多，能降低人体内胆固醇含量，有效预防和控制中老年脑力劳动者的心脑血管方面的疾病。

核桃和芝麻：现代研究发现，核桃和芝麻含有丰富的不饱和脂肪酸，能为大脑提供充足的亚油酸、亚麻酸等分子较小的不饱和脂肪酸，排除血管中的杂质，提高脑的功能。另外，核桃中含有大量维生素，对于治疗神经衰弱、失眠症，松弛脑神经的紧张状态，消除大脑疲劳效果很好。

水果：准妈妈可以通过多样化的水果来补脑。例如，柠檬能提高人的接受能力；菠萝富含维生素 C 和重要的微量元素锰，对提高人的记忆力有帮助；香蕉可向大脑提供重要的物质酪氨酸，而酪氨酸可使人精力充沛、注意力集中，并能提高人的创造能力。

通过子宫传递味道

胎儿通过子宫可以品尝食物的味道

这项研究是由美国费城莫内尔研究所一个研究小组进行的。他们发现，如果妇女在怀孕期间偏爱某种食物，那么胎儿通过子宫可以“品尝”到该食物的味道，这种首次的味觉体验对孩子的饮食喜好的形成起着很重要的作用。研究的一组共 45 位孕妇中，一些孕妇在孕期的最后三个月，定时服用胡萝卜汁，还有一些女性是育后服用胡萝卜汁，其他一些女性没有服用胡萝卜汁。

孩子熟悉妈妈所食食物的味道

在孩子准备断奶时，研究人员对婴儿进行了对胡萝卜喜好程度的测试，发现：在孕期喝胡萝卜汁的妈妈生的婴儿，不仅能吃不少这种食品，在吃的时候，很少有拒绝的表情。但是，对那些没有接触过胡萝卜汁的妈妈生下的婴儿来说，当父母把胡萝卜口味的食物拿到婴儿嘴边，想检验一下孩子的味觉，结果发现，他们对这种东西不敏感。

门尼拉认为，母乳最大的优势是，孩子熟悉妈妈所食食物的味道。婴儿得到的信息显示的是，什么食物是安全的，什么食物是可食用的。这是一个奇妙的体系。起先在妈妈的羊水中获得这种味道，而后在母乳中得到，最后在餐桌前首次食用。在羊水或母乳中对食物味道的体验，可能有助于孩子断奶后对这种食品的接受程度。

子宫中的胎儿味蕾已经形成

她说：“仍有许多无法解答的问题，而且，遗传也起了很重要的作用。早期的经历可能影响着一个婴儿的饮食习惯，但并不是对每个孩子都是相同的。”她表示，在妈妈子宫中的胎儿每天要消耗 500 毫升的羊水，此时，胎儿的味蕾已形成。

孕早期不适有办法

尿频时尽量少喝水

尿频是怀孕期间大多数准妈妈必经的阶段。在怀孕初期出现尿频主要是因为身体激素分泌改变所导致的，到现在为止还没有特别好的办法来控制这种情况的发生，唯一可行的就是控制饮水量。为了避免夜间频繁上厕所影响睡眠，准妈妈最好在晚饭后就尽量少喝水，临睡前1～2小时内不要喝水。当然，也不能绝对禁饮，因为适量摄取水分可以预防尿路感染。早孕而产生的尿频只是小便频繁，身体不会出现其他不适症状。如果尿频伴随疼痛或烧灼感等异常现象，不要耽误，应立即到医院做检查，否则可能会影响到肾脏等其他脏器。

胃部不适可以少吃多餐

怀孕期，由于胃肠道活动减弱而引起的令人不舒服的腹胀，大多不需要特殊治疗。为缓解胃部不适的感觉，准妈妈可以采取少食多餐的进食方法，包括下午茶和宵夜在内，一天可进食4～5次，尽量减少胃内食物存储量，以少食多餐方式满足机体的需要；不要吃很酸的、味道浓烈的食物和碳酸饮料，以免它们刺激胃液分泌，加重胃灼痛。另外，饭后立即卧床，或者进食过多或摄取过多脂肪及油炸食品也都不可取，这些都会加剧“烧心”症状。

出现眩晕及时补充食物

孕早期，许多准妈妈有眩晕现象，这可能是由准妈妈血液被稀释引起的生理性贫血或低血糖状态造成的；如果在拥挤、空气不流通、人群集聚的场所，准妈妈的眩晕加剧甚至发生晕倒，可能与准妈妈长时间站立或突然改变体位，出现低血压状态有关。如果准妈妈是由于血糖低引起的眩晕，一般情况下与进食间隔时间过长有关，只要少食多餐，及时补充食物就可以迅速提高血糖，改善眩晕等症状；如果准妈妈是由于改变体位引起的眩晕，最好不要突然站起，可缓缓改变姿势。另外，还要注意不要到闷热的地方长待，尽量待在距离窗口较近、能呼吸到新鲜空气的地方，如果觉得头晕，可以找一个地方平躺一会儿。

孕早期孕妈妈开胃营养餐

拌蜇皮

材料：海蜇皮 300 克，黄瓜丝 200 克，熟鸡肉丝 25 克，熟火腿丝、青尖椒丝、红尖椒丝各 10 克。

调料：盐、白糖、蒜末、醋、酱油、香油各适量。

做法：(1) 将白糖、蒜末、醋、盐、酱油、香油调成味汁。(2) 将海蜇皮洗净，用盐腌透后切粗条，焯水，过凉；将海蜇皮、黄瓜丝、熟鸡肉丝、熟火腿丝、青尖椒丝、红尖椒丝一起放入碗中，浇上味汁拌匀，装盘即可。

银耳拌山楂

材料：银耳 250 克、罐头山楂半罐。

调料：白糖、醋各适量。

做法：(1) 将白糖、醋调成糖醋汁；将银耳泡发，去蒂，洗净，撕小朵，放入沸水锅中焯一下，捞出，沥干水，放碗中，倒入糖醋汁腌渍 4 小时。(2) 将银耳捞出摆在盘中，山楂围在银耳周围即可。

青椒里脊片

材料：猪里脊肉 300 克、青椒 2 个。

调料：酱油、料酒、淀粉、植物油、葱花、姜丝、盐各适量。

做法：(1) 将青椒洗净，去蒂、子，切斜片；猪里脊肉洗净，切片，加入酱油、料酒、淀粉拌匀、腌渍片刻；将部分葱花、姜丝、盐、酱油调成汁，备用。(2) 锅置火上，倒油烧热，放入剩下的姜丝、葱花煸香，放入里脊肉片炒熟，放入青椒片，加入调好的汁，炒匀即可。

素鸡烧白菜

材料：白菜 500 克，素鸡 200 克，青椒片、红椒片各 20 克。

调料：盐、白糖、植物油、酱油、水淀粉、葱末、姜末、蒜末。

做法：(1) 白菜洗净，切片，焯烫；素鸡切片备用。(2) 锅中植物油烧至五成热，放入葱末、姜末、蒜末炝锅，倒入白菜片翻炒片刻，倒入素鸡片、青椒片、红椒片翻炒均匀，放入盐、白糖、酱油调味，用水淀粉勾芡，大火收汁即可。

素烩竹荪

材料：竹荪 50 克，四季豆、冬笋片、黑木耳各 25 克，口蘑 2 朵，胡萝卜花少许。

调料：植物油、水淀粉、盐。

做法：(1) 将竹荪用水泡开，洗净，切成段；口蘑洗净后切薄片；四季豆洗净后切小段；起油锅，油热后放入四季豆段翻炒片刻，将竹荪段、口蘑片、黑木耳、胡萝卜花和冬笋片放入锅中一起拌炒。(2) 拌炒至熟后，加入盐拌炒均匀即可。

葱白木耳

材料：黑木耳、葱白各 100 克。

调料：姜末、蚝油、植物油、盐、酱油、水淀粉各适量。

做法：(1) 将黑木耳洗净，放入清水中泡发后去蒂，撕小朵，焯水备用；葱白洗净，切片。(2) 锅置火上，倒油烧热，放入姜末、葱白炒香，加入盐、酱油、黑木耳、蚝油翻炒几下，用水淀粉勾芡即可。

香菇油菜

材料：油菜 200 克，干香菇 80 克。

调料：植物油、盐、酱油、白糖、水淀粉。

做法：(1) 油菜择洗干净，沥水备用；干香菇用温水泡发，去蒂，挤干水分，切片备用。(2) 油锅烧热，放油菜，加盐，炒熟后盛出。(3) 炒锅再次烧热，放入植物油烧至五成热，放入香菇片，加盐、酱油、白糖翻炒至熟，加水淀粉勾芡，放入油菜炒匀即可。

松仁焖香菇

材料：水发香菇 300 克，松仁 50 克。

调料：料酒、酱油、盐、白糖、花椒油、水淀粉、植物油、清汤。

做法：(1) 香菇去蒂，洗净，切块；松仁入六成热的油锅中炸成金黄色捞出，沥油备用。(2) 原锅留余油烧热，下入香菇块，用中火煸炒，烹入料酒，加入清汤、酱油、盐、白糖，转小火焖 30 分钟，下入松仁，继续焖 10 分钟，转中火加花椒油，加水淀粉勾芡，大火收汁即可。

西芹腰果

材料：西芹 250 克，腰果 50 克，紫甘蓝 100 克。

调料：植物油、盐。

做法：(1) 西芹择洗干净，斜切成段，下沸水中焯 1 分钟左右，捞出，沥干水分。紫甘蓝洗净，切丝；腰果下入沸水中稍烫，捞出，沥干水分备用。(2) 锅中植物油烧热，下入腰果，炸至金黄色，捞出，趁热放盐拌匀。(3) 锅中留底油烧至六成热，下西芹段、盐炒半分钟，下紫甘蓝丝、盐炒匀，倒入腰果，与西芹和紫甘蓝炒匀即可。

菠菜炒猪肝

材料：猪肝 200 克、菠菜 150 克。

调料：植物油、葱末、姜末、酱油、盐、料酒、淀粉、白糖

做法：(1) 猪肝放入水中泡 30 分钟，去除血水，捞出，切片，放入碗中，加入葱末、姜末、酱油、料酒、淀粉拌匀腌渍 10 分钟；菠菜择洗干净，切段，放入沸水中焯烫一下，捞出，控水。(2) 炒锅倒油烧热，放入猪肝大火炒至变色，放入菠菜稍炒，加盐、白糖炒匀即可。

板栗猪蹄

材料：卤猪蹄 200 克，熟板栗 60 克。

调料：植物油、鲜汤、葱段、姜片、蒜片、盐、料酒、醪糟、水淀粉。

做法：(1) 卤猪蹄洗净，斩成块状；熟板栗去皮，留肉备用。(2) 锅内植物油烧热，放入猪蹄块翻炒片刻，放入板栗稍炒，随后放入葱段、姜片、蒜片、鲜汤、醪糟、盐、料酒炒匀入味，用水淀粉勾芡即可。

蚕豆炖牛肉

材料：牛肉 300 克、蚕豆 100 克。

调料：盐、香油。

做法:(1) 将牛肉洗净，切成小块，用沸水焯一下。(2) 锅内倒入适量水烧沸，放入牛肉炖至半熟，再放入蚕豆用小火炖熟。(3) 出锅前加入盐搅匀，淋上香油即可。

菜花炒牛肉

材料：牛肉 200 克、菜花 150 克、胡萝卜 100 克。

调料：植物油、盐、酱油、料酒、水淀粉、白糖、姜末、蒜末各适量。

做法：(1) 菜花洗净，掰小朵，焯水沥干；牛肉洗净，沥水，横纹切薄片，加盐、料酒、酱油腌渍 10 分钟；胡萝卜洗净，去皮，切片。(2) 锅置火上，倒油烧至五成热，放入牛肉片滑炒，待牛肉变色后捞出，沥油。(3) 锅重置火上，留底油烧热，放入姜末、蒜末爆香，放入胡萝卜片翻炒，放入牛肉片，加料酒略炒，最后加入菜花，加入盐、酱油、白糖调味，用水淀粉勾芡即可。

甜椒牛肉丝

材料：牛肉、甜椒各 200 克，蒜薹 15 克。

调料：植物油、酱油、甜面酱、盐、姜丝、淀粉、高汤各适量。

做法:(1) 将牛肉洗净，切丝，加盐、淀粉拌匀;甜椒洗净，去蒂及子，切丝;蒜薹洗净，切段。(2) 将酱油、盐、高汤、淀粉调成芡汁。(3) 锅置火上，倒油烧热，放入牛肉丝、甜面酱、甜椒丝、蒜薹段、姜丝翻炒至熟，烹入芡汁翻炒即可。

韭菜炒羊肝

材料：韭菜 200 克、羊肝 1 个。

调料：植物油、酱油、盐、白糖、鸡精。

做法:(1) 韭菜去杂质洗净，切成段;羊肝处理干净切片，用盐、酱油稍腌片刻。(2) 锅中放植物油，用大火烧热，放入韭菜、羊肝快速翻炒片刻，加入盐、白糖、鸡精，即可出锅。

孕中期孕妈妈加固营养餐

胡萝卜拌青笋

材料：青笋 300 克，胡萝卜 100 克。

调料：葱花、盐、植物油、香葱末。

做法：(1) 胡萝卜、青笋去皮，洗净，切成滚刀块备用。(2) 锅内倒植物油烧热，把胡萝卜块、青笋块倒入翻炒均匀，加盐调味，盛盘。(3) 锅内倒植物油烧热，炒香葱花，制成葱花油，淋入盘中，撒入香葱末拌匀即可。

糖醋莴笋

材料：嫩莴笋 100 克。

调料：醋、盐、白糖、葱末、姜末各适量。

做法：(1) 将莴笋去根，去皮，洗净，切滚刀块，焯水，捞出沥干，加盐拌匀，晾凉，备用。(2) 将白糖、醋、葱末、姜末放入碗内，调成糖醋汁，倒入莴笋中腌渍入味，装盘即可。

四喜黄豆粒

材料：黄豆 150 克，青豆、胡萝卜、猪瘦肉各 10 克。

调料：植物油、盐、白糖、水淀粉。

做法：(1) 猪瘦肉洗净，切粒，加盐、水淀粉腌渍；胡萝卜洗净，去皮，切粒；黄豆先用清水泡透，煮熟备用。(2) 锅内植物油烧热，加入猪瘦肉粒炒熟，加入黄豆、青豆、胡萝卜粒继续炒。(3) 调入盐、白糖炒透，用水淀粉勾芡即可。

菊花豇豆

材料：豇豆 300 克，菊花 1 朵，红椒适量。

调料：盐、香油、白醋、姜汁、蒜汁。

做法：(1) 豇豆洗净，择成小段；菊花取花瓣，洗净；红椒去蒂、子，洗净，切丝。(2) 锅内加适量清水煮沸，放入豇豆段焯 3 分钟，取出凉凉。(3) 取一容器，放入豇豆段、盐、香油、白醋、姜汁、蒜汁搅拌均匀。4. 撒入菊花瓣、红椒丝点缀，搅拌均匀即可。

海米海带丝

材料：海米 50 克、海带丝 200 克。

调料：姜丝、料酒、酱油、香油各适量。

做法：(1) 将海米洗净，入蒸锅隔水蒸至柔软，取出；海带丝洗净，焯水，捞出沥干，加入料酒腌渍片刻，备用。(2) 海带丝放入盘中，放入姜丝、海米，加入酱油，淋上香油拌匀即可。

荷兰豆炒鲜鱿

材料：鲜鱿鱼 2 条，荷兰豆 100 克。

调料：植物油、盐、料酒、蒜末、姜丝、葱白段。

做法：(1) 鲜鱿鱼洗净，切圈；荷兰豆洗净，沥干。(2) 锅中植物油烧至六成热，放入蒜末、姜丝、葱白段爆香，放入荷兰豆、鲜鱿圈翻炒均匀，烹入料酒、盐调味，再炒至鱿鱼熟即可。

白菜炖豆腐

材料：白菜 500 克，豆腐 300 克。

调料：植物油、葱花、姜片、盐、胡椒粉。

做法:(1) 白菜洗净，切片;豆腐洗净，切块。(2) 锅中植物油烧热，放入葱花、姜片炒香,加入白菜片稍炒。(3) 锅中放入豆腐块,放入盐、胡椒粉、少许清水煮沸，转小火将白菜片、豆腐块煮至熟即可。

肉炒三丝

材料：猪肉 250 克、胡萝卜 100 克、豆腐皮 50 克、水发香菇 30 克。

调料：葱花、姜末、盐、植物油各适量。

做法：(1) 将猪肉洗净，切丝；胡萝卜、豆腐皮、水发香菇分别洗净，切丝，备用。(2) 锅置火上，倒油烧热，放肉丝滑油后捞出。(3) 锅置火上，倒油烧热，放入葱花、姜末爆出香味，放入胡萝卜丝，大火翻炒，放入豆腐皮丝、香菇丝继续翻炒 3 分钟左右，放入肉丝，加入盐调味即可。

海带炒肉丝

材料：水发海带丝 350 克，猪瘦肉丝 150 克，胡萝卜 20 克。

调料：盐、植物油、香油、酱油、葱段、姜片、蒜片。

做法：(1) 水发海带丝洗净，焯水，捞出，沥干水分；胡萝卜去皮，洗净，切丝备用。(2) 锅中植物油烧热，爆香葱段、姜片、蒜片，放肉丝、酱油、海带丝、胡萝卜丝翻炒，加盐调味，淋香油即可。

芹菜肚丝

材料：熟猪肚 200 克、芹菜 100 克。

调料：盐、大蒜、香油各适量。

做法：(1) 将芹菜去叶，洗净，切段，焯水；熟猪肚反复用水洗净，切丝；大蒜去皮，洗净，捣成泥，备用。(2) 将芹菜段、猪肚丝放入盘中，加入盐、蒜泥、香油拌匀即可。

鱼香排骨

材料：小排骨 500 克。

调料：泡红辣椒、淀粉、葱末、蒜末、姜丝、盐、酱油、料酒、醋、白糖、植物油各适量。

做法：(1) 将排骨洗净，剁小块，用盐腌渍 15 分钟，裹上淀粉，用油炸透，捞出，沥油，备用。(2) 锅置火上，倒油烧热，放入姜丝、蒜末煸香，加入泡红辣椒、酱油、醋、白糖、料酒翻炒，放入排骨翻炒，熟后收汁、撒上葱末即可。

木耳炒肉片

材料：干黑木耳 15 克，猪瘦肉 60 克。

调料：植物油、清汤、盐。

做法：(1) 黑木耳用温水泡发，洗净，去蒂，撕小朵。(2) 猪瘦肉洗净，切片备用。(3) 锅中植物油烧热，加肉片炒 2 分钟后，加入黑木耳同炒至熟，加清汤、盐，焖 5 分钟即可。

金针菇炒肥牛

材料：牛肉 250 克，金针菇 300 克。

调料：盐、水淀粉、植物油、嫩肉粉、鲜汤。

做法：(1) 牛肉洗净，切片，用嫩肉粉、盐腌渍 10 分钟；金针菇洗净，去根备用。(2) 锅中植物油烧热，下辣椒碎炒香，加入鲜汤、牛肉片烧片刻，加入金针菇，调入盐炒匀，用水淀粉勾芡即可。

酸菜炒羊肉

材料：羊瘦肉片 150 克，酸菜 200 克，胡萝卜片 50 克。

调料：植物油、料酒、盐、淀粉、香菜末。

做法：(1) 羊肉片用料酒、盐、淀粉腌渍；酸菜洗净，切丝。(2) 锅中植物油烧热，下羊肉片滑炒至断生，盛出。(3) 锅中留底油烧热，下酸菜丝略炒，加少许盐，放入羊肉片、胡萝卜片炒熟，撒上香菜末即可。

清炖鲫鱼

材料：鲫鱼 500 克、干香菇 25 克。

调料：香菜末、葱末、姜末、植物油、盐、鸡精各适量。

做法：(1) 将鲫鱼去鳃、内脏、鳞，洗净；干香菇泡发，洗净，切丝。(2) 锅置火上，倒油烧热，放入鲫鱼煎至两面微黄，放入葱末、姜末略炒，放入香菇丝，倒入适量清水，炖至汤奶白，加入盐、鸡精，撒入香菜末即可。

鸡蓉土豆泥

材料：鸡脯肉 100 克，土豆 2 个。

调料：植物油、盐。

做法：(1) 土豆上锅蒸熟，压成土豆泥。(2) 鸡脯肉洗净，切末，加盐。(3) 锅内油烧热，鸡肉末煸炒。(4) 放入土豆泥和少许水、盐，翻炒至水干入味后即可出锅。

孕晚期孕妈妈冲刺营养餐

什锦合菜

材料：鱿鱼 50 克，粉丝 30 克，干虾米 20 克，胡萝卜、菠菜各 100 克。

调料：盐、生抽、米醋、芥末油。

做法：(1) 鱿鱼洗净，去皮，切丝；虾米、粉丝用温水发好，用沸水焯一下，粉丝切段；胡萝卜洗净，切丝，菠菜洗净，切段，分别用沸水焯一下。(2) 鱿鱼丝焯水沥干，加入其他材料，最后放入调料拌匀即可。

蒜薹鹌鹑蛋

材料：蒜薹 150 克，鹌鹑蛋 16 个，香肠 50 克。

调料：植物油、香油、盐、水淀粉、鲜汤。

做法：(1) 鹌鹑蛋凉水下锅煮熟，捞出，冷却，去壳；香肠切片；蒜薹择洗净，切段备用。(2) 锅中植物油烧热，下蒜薹段煸炒片刻，加盐调味盛出。(3) 原锅倒入鲜汤，放入鹌鹑蛋、香肠片煮沸，加盐，用水淀粉勾芡，淋入香油，倒在蒜薹中即可。

口蘑鹌鹑蛋

材料：鲜口蘑 150 克，熟鹌鹑蛋 15 个，油菜 50 克。

调料：植物油、料酒、盐、水淀粉、高汤。

做法：(1) 鲜口蘑洗净，对半切开；油菜洗净，对半切开备用。(2) 锅中植物油烧热，放入鹌鹑蛋炸至金黄色，捞出备用。(3) 倒去余油，加高汤、口蘑、鹌鹑蛋烧沸，烹入料酒、盐烧 5 分钟，放入油菜略煮，用水淀粉勾芡，翻匀即可。

柠檬三文鱼沙拉

材料：三文鱼 100 克，扇贝、墨鱼仔、鳕鱼、虾仁各 30 克，彩椒、洋葱各少许，柠檬 1/2 个。

调料：白醋、橄榄油、盐、胡椒粉。

做法：(1) 将各种海鲜处理干净，切丁，放入加了少许白醋、盐的沸水中焯一下；柠檬去皮，榨汁备用。(2) 彩椒、洋葱均洗净，切丁，与焯好的海鲜丁混合，加入橄榄油、柠檬汁、胡椒粉调味，拌匀即可。

香肠拌银耳

材料：水发银耳 150 克，香肠 100 克。

调料：植物油、葱丝、香菜、盐、白糖。

做法：(1) 水发银耳洗净，撕成小朵；香肠切末；香菜择洗净，切段备用。(2) 锅内放入清水，加入盐，烧沸后下入银耳，水沸即捞出，沥水，加入白糖拌匀，撒上香肠末。(3) 锅内植物油烧热，下入葱丝炸出香味，浇在银耳上，撒上香菜段，拌匀即可。

凉拌芹菜叶

材料：芹菜叶 200 克、豆腐干 40 克。

调料：盐、白糖、香油、酱油各适量。

做法：(1) 将芹菜叶洗净，焯水，过凉，沥水，剁细末，撒上盐拌匀；豆腐干焯水，捞出，切小丁，备用。(2) 将芹菜叶末放入盘中，撒上豆腐干丁，加入白糖、香油、酱油，拌匀即可。

豉汁南瓜蒸排骨

材料：小南瓜 1 个，排骨 6 块。

调料：葱段、香葱、姜片、豆豉、生抽、盐。

做法：(1) 南瓜洗净，去瓤；排骨斩成小块，洗净，加豆豉、生抽、盐、葱段、姜片拌匀后腌渍 30 分钟。(2) 将腌渍好的排骨块取出，放入南瓜里，上锅蒸至排骨块嫩熟，撒上香葱即可。

菜花炒肉片

材料：菜花 200 克，猪肉 100 克，水发黑木耳 50 克，香芹段少许。

调料：植物油、酱油、盐、干淀粉、水淀粉、料酒、葱丝、姜丝、蒜片。

做法:⑴菜花去柄，洗净，掰成小朵，入沸水锅中焯烫，捞出沥水;猪肉洗净，切片，用盐、干淀粉、料酒腌渍片刻；黑木耳洗净后，撕成小朵。⑵锅中植物油烧热，肉片下锅滑炒至变色捞出，沥油；底油烧热，放入姜丝、葱丝爆香，加入蒜片、肉片大火急炒，放入菜花、黑木耳、香芹段翻炒，加盐、酱油炒匀，用水淀粉勾芡即可。

蘑菇炖豆腐

材料：豆腐200克，鲜蘑菇250克，胡萝卜片100克。

调料：酱油、香油、盐、高汤。

做法:⑴蘑菇去蒂，洗净，撕成小片;豆腐洗净，切成小块。⑵沙锅置火上，放入豆腐块、胡萝卜片、蘑菇片以及高汤，煮沸后，转小火炖10分钟，加入酱油、盐调味，淋上香油即可。

芹菜炒肉丝

材料：猪瘦肉250克、芹菜100克。

调料：高汤、料酒、酱油、盐、水淀粉、植物油、葱花、姜丝各适量。

做法:⑴将芹菜去叶，洗净，切丝;猪瘦肉洗净，切丝，用料酒、酱油、盐、水淀粉上浆，用油炒至变色，捞出，备用。⑵炒锅置火上，倒油烧热，放入葱花、姜丝爆香，放入芹菜翻炒，再加入肉丝、高汤炒匀，加入盐即可。

紫菜蛋卷

材料：猪肉馅300克，鸡蛋6个，韭菜50克，紫菜2张。

调料：植物油、盐、料酒、香油、葱末、姜末、胡椒粉。

做法：⑴韭菜择洗净，切末；取2个鸡蛋打散，倒入油锅中，摊成2张完整的鸡蛋皮，凉凉；剩余鸡蛋打散成蛋液备用。⑵将猪肉馅放入盆内，放入盐、料酒、香油、胡椒粉、韭菜末、葱末、姜末、蛋液搅匀备用。⑶将猪肉韭菜馅在蛋皮上抹平，上面放1张紫菜，再放一层馅料抹平，制成蛋卷。⑷紫菜蛋卷放入盘中，入蒸锅隔水蒸30分钟左右，至熟透，取出，压平，切片即可。

苦瓜摊鸡蛋

材料：鸡蛋 4 个，苦瓜片 200 克。

调料：葱花、盐、植物油。

做法：(1) 苦瓜片加盐抓拌均匀，腌渍 15 分钟，将苦瓜片泡入凉水中 20 分钟，捞起沥干。(2) 鸡蛋打入碗中，加入葱花、盐搅匀，再加入苦瓜片搅拌，确保苦瓜片与鸡蛋液充分混合。(3) 锅中植物油烧热，倒入苦瓜蛋液，摊成蛋饼，转小火慢煎至苦瓜片熟透即可。

柏子仁煮猪心

材料：猪心 500 克、柏子仁 20 克。

调料：酱油、料酒、盐、葱段、姜片、花椒、大料各适量。

做法：(1) 将猪心洗净，划开表皮，用水将里面的血水冲掉，焯水，捞出，备用。(2) 锅置火上，放入适量清水，加入猪心、酱油、料酒、盐、葱段、姜片、花椒、大料、柏子仁煮沸，撇去浮沫，小火煮至熟烂，捞出猪心，凉透后切片即可。

清炒蹄筋

材料：鲜牛蹄筋 250 克。

调料：料酒、盐、鸡汤、水淀粉、葱、植物油各适量。

做法：(1) 蹄筋洗净，切成条，放入沸水中略焯一下取出备用；葱洗净，切段。(2) 锅置火上，倒油烧热，炝香葱段，加入蹄筋，迅速翻炒，使蹄筋均匀受热。(3) 加入料酒、盐、鸡汤，沸锅后，转用小火烧约 10 分钟，再用大火加热，用水淀粉勾芡，汤汁收浓即可。

小炒牛肉

材料：牛肉 90 克、冬笋 30 克。

调料：干淀粉、水淀粉、酱油、肉汤、葱、植物油、姜、甜酒、盐各适量。

做法：(1) 将冬笋、葱、姜、牛肉分别洗净，切成丝，用干淀粉、甜酒腌渍片刻。(2) 锅倒油烧热，将牛肉丝过油，捞出。(3) 锅留余油，先煸香冬笋丝、葱丝、姜丝，再倒入酱油、甜酒、肉汤，与过油的牛肉丝同炒，加入盐，勾入水淀粉即可。

豌豆鸡丝

材料：鸡肉 250 克、豌豆 100 克。

调料：高汤、料酒、盐、水淀粉、植物油各适量。

做法：(1) 将豌豆洗净，焯水，沥干；鸡肉洗净，切丝，备用。(2) 锅置火上，倒油烧热，放入鸡肉丝炒至变色，放入豌豆继续翻炒，加入盐、料酒、高汤，用水淀粉勾芡即可。

腰果炒鸡丁

材料：鸡肉丁 300 克，腰果 100 克，黄瓜丁、胡萝卜丁各 25 克。

调料：盐、白糖、干淀粉、植物油、葱末、姜末、蒜末、水淀粉。

做法：(1) 鸡肉丁用干淀粉上浆；腰果炸熟。(2) 锅内植物油烧热，爆香葱末、姜末、蒜末，倒入鸡丁炒至变色，放入腰果、黄瓜丁、胡萝卜丁，加少许水，加盐、白糖翻炒，用水淀粉勾芡，大火收汁即可。

大排蘑菇汤

材料：排骨 200 克，鲜蘑菇片、番茄片各 50 克。

调料：料酒、盐各适量。

做法：(1) 排骨洗净，用刀背拍松，再敲断骨髓后加料酒、盐腌渍 15 分钟。(2) 锅中加入适量清水，煮沸后放入排骨，撇去浮沫，加料酒，用小火煮 30 分钟。(3) 汤煮好后加入蘑菇片再煮 10 分钟，放入盐、料酒后再放入番茄片，煮沸即可食用。

八宝鸡汤

材料：党参、白术、茯苓、炙甘草、熟地黄、白芍各 10 克，当归 15 克，川芎 7.5 克，净母鸡 1 只，猪肉、棒骨各 500 克。

调料：葱花、姜丝各少许。

做法：(1) 猪肉洗净，切碎；棒骨打碎；余药洗净用干净纱布包裹浸湿。(2) 将母鸡、猪肉、棒骨、药包放入锅中，加水适量，用火烧沸，加入姜丝、葱花，烧至鸡肉烂熟，去药包即可。

海参羊肉汤

材料：羊肉 250 克、海参 50 克。

调料：姜末、葱花、盐、胡椒末各适量。

做法：(1) 海参泡软后，剪开参体，除去内脏，洗净，切成小块，再用沸水煮 10 分钟左右，取出后连同水倒入碗内，泡 2 ～ 3 小时。(2) 羊肉洗净，去血水，切成小块，加适量水放入锅中小火炖至将熟，将海参块放入同煮 15 分钟左右，加入姜末、葱花、胡椒末及盐即可。

黄芪羊肉汤

材料：黄芪、山药各 15 克，羊肉 90 克，桂圆肉 10 克。

调料：盐适量。

做法：(1) 羊肉洗净，用沸水稍煮片刻，以除膻味。(2) 锅倒水煮沸，放入羊肉和三味药同煮汤，食时用盐调味即可。

鲜鲤鱼汤

材料：鲤鱼 1 条。

调料：料酒、盐、姜片各少许。

做法：(1) 鲤鱼去鳃及内脏，切段，洗净，放入沸水中焯烫。(2) 锅内倒水烧沸，放入鱼、姜片、料酒和盐，转小火煮 15 分钟至鱼熟即可。

山药鱼头汤

材料：草鱼或胖头鱼 1 条，山药 150 克，豌豆苗、海带结各适量。

调料：植物油、盐、姜片各适量。

做法：(1) 将鱼洗净，去鳃，只要鱼头；山药去皮，切块。(2) 锅内倒油烧热后下鱼头煎至两面微黄时取出。(3) 另起一锅放入水和鱼头、山药、海带结、姜片，大火煮沸后转小火慢熬 30 分钟。(4) 放入豌豆苗煮 2 分钟，放入盐调味即可。

Part5

运动胎教进行时

和宝宝一起，运动起来

运动胎教的最佳时间

运动胎教的定义

运动胎教是指孕妈妈适时、适当地进行体育锻炼和帮助胎儿活动，以促进胎儿大脑及肌肉的健康发育。

运动胎教的最佳时间

一般在妊娠 12 ～ 16 周即可适当地对胎儿进行宫内运动训练。对胎儿的运动训练应当注意，一般在妊娠 12 周内及临产期均不宜训练，先兆流产或先兆早产的孕妈妈也不宜进行训练。

运动胎教有什么好处

⑴ 使胎儿相对位置改变及子宫内羊水晃动，训练胎儿的平衡觉。

⑵ 促进全身血液循环，增加胎盘血供，有利于胎儿健康发育。

⑶ 增强孕妇腹肌、腰背肌和盆底肌的张力和弹性，使其关节、韧带松弛柔软，有利于孕妇正常妊娠及顺利分娩。

⑷ 控制孕期体重的增加，促进产后体形恢复。

⑸ 解除孕妇的疲劳和不适，使其心情舒畅。

运动胎教的方法

运动胎教的方法是：孕妈妈仰卧，全身放松，先用手在腹部来回抚摸，然后用手指轻按腹部的不同部位，并观察胎儿的反应。开始时动作宜轻，时间宜短，过几周后胎儿逐渐适应会做出一些积极反应。这时可稍加一点运动量，每次时间以 5 分钟为宜。24 周以后可以轻轻拍打腹部，并用手轻轻推动胎儿，让胎儿进行宫内“散步”活动。如果胎儿顿足，可以用手轻轻地安抚他。如果能配合音乐和对话等方法效果更佳。对胎儿的运动训练应当注意，一般在妊娠 12 周内及临产期均不宜训练，有先兆流产或先兆早产症状的孕妈妈也不宜进行训练。此外，手法要轻柔，循序渐进，不可操之过急，每次时间不宜超过 10 分钟，否则将适得其反。研究表明，凡是在宫内受过“体育”运动训练的胎儿，出生后翻身、坐立、爬行、走路及跳跃等动作的发育都明显早于一般的宝宝。

孕妇操几种简单的孕妇操

(1) 吹蜡式运动：锻炼腹肌。产后可恢复松 弛的腹肌。仰卧，屈起双膝，将手指立于离嘴 30cm 处，把手指视为蜡烛，为吹熄烛火而用力呼气。

(2) 骨盆的运动：放松骨盆的关节与肌肉，使其柔韧，利于顺产。单膝屈起，膝盖慢慢向外侧放下，左右各 10 次。双膝屈起，左右摇摆至床面，慢慢放松，左右各 10 次。

(3) 盘腿运动：放松耻骨联合与股关节，伸展骨盆底肌肉群。这样胎儿可顺利通过产道。笔直坐好，双脚合十，用手拉向身体，双膝上下活动，宛如蝴蝶振翅，10 次。同一姿势，吸气伸直脊背，呼气身体稍向前倾，10 次。

(4) 脚部运动：首先把一条腿搭在另一条腿上，然后放下来，重复 10 次，每抬 1 次高度增加一些，然后换另一条腿，重复 10 次。然后两腿交叉向内侧夹紧、紧闭肛门，抬高阴道，然后放松。重复 10 次后，把下面的腿搭到上面的腿上，再重复 10 次。

(5) 腹肌运动：锻炼支持子宫的腹部肌肉。单腿屈起、伸展、屈起、伸展，左右各 10 次。双膝屈起，单腿上抬放下，上抬，放下，左右各 10 次。

孕妇瑜伽

(1) 孕妇练习瑜伽的好处：孕妇练习瑜伽可以增强体力和肌肉张力，增强身体的平衡感，提高整个肌肉组织的柔韧度和灵活度。同时刺激控制荷尔蒙分泌的腺体，加速血液循环，还能够很好地控制呼吸。此外，针对腹部练习的瑜伽可以帮助产后重塑身材。孕妇可以练习不同的瑜伽姿势，但必须以个人的需要和舒适度为准。但要注意的是，瑜伽并不是使怀孕和分娩更为安全顺利的唯一方式。练习瑜伽可以让这个过程变得轻松简单，并有助于孕妇在产前保持平和的心态。孕妇瑜伽是一项疗养活动。进行此项活动需要花费时间来慢慢放松身体，解除压力，适应自己的身体以及体内快速成长的宝宝。通过轻柔的练习可以增强有助于恢复身心健康的重要内在能量。孕妇在怀孕期间会因身体的不断变化而处于精神紧张的状态，尤其是背部要承受新增的压力。瑜伽练习可以平衡不断增大的腹部并保持良好的体态。伸展和强健身体有助于分娩前打开骨盆。通过对盆底的调整可以更好地控制分娩，减少并发症并加速产后恢复。在练习的过程中，你与胎宝宝的关系也会进一步加深，无论是在身体，情绪还是精神灵性上。练习时你会注意到你正在创造一个新生命，关注这一重大生活转变的影响。通过这种方式你会很快地度过宝贵的孕期时间。

(2) 需要注意的是：孕妇瑜伽和普通的瑜伽是不同的，比较舒缓，只是用来让你锻炼一下，孕妇瑜伽的好处在妊娠的第一阶段，孕妇做任何费力的身体操练常常会不能坚持而最终放弃、孕妇练习瑜伽可以增强体力和肌肉张力，增强身体的平衡感，提高整个肌肉组织的柔韧度和灵活度，同时刺激控制荷尔蒙分泌的腺体，增加血液循环，还能够很好地控制呼吸。练习瑜伽可以起到按摩内部器官的作用。由此看来，孕妇瑜伽对孕妇是有很大好处。建议：对瑜伽馆的宣传不可盲目轻信。孕妇瑜伽因人而异，并不是人人都适合的。孕妇瑜伽不可简单复制普通的瑜伽课程，无论难度、运动时间长度或者运动量，孕妇都要格外谨慎，动作的选择更得精挑细选，要绝对保障宝宝的安全。

户外散步

(1) 户外散步的好处：散步是孕妇最适宜的运动，它不受条件限制，可以自由进行。散步时，边呼吸新鲜空气，边欣赏大自然美景，可以提高心肺和神经系统的功能，促进新陈代谢，使腿肌、腹壁肌、心肌都得到一定的锻炼。散步过后，会产生轻微适度的疲倦，能稳定情绪，有助于增进食欲和改善睡眠，还可以变换心情，消除烦躁和郁闷。对怀孕期的妇女来说，散步乃是锻炼心脏血管的最佳方式之一，因为这可以让你保持健康，而不会给膝盖和脚踝带来伤害。在怀孕的九个月中，你可以一直坚持，因为这绝对安全，同时如果你孕前没有试过散步的话，现在开始也极为简单。另外，动脉血的大量增加和血液循环的加快，对身体细胞的营养，特别是心肌的营养有良好的作用。同时，在散步中，肺的通气量增加，呼吸变得深沉。

⑵ 户外散步的注意事项：孕妇在散步时首先要选好散步的地点。花草茂盛、绿树成荫的公园是最理想的场所。这些地方空气清新、氧气浓度高，尘土和噪音少。孕妇置身于这样宜人的环境中散步，无疑会身心愉悦。可以在自家周围选择一些清洁僻静的街道作为散步地点。一定要避开空气污浊的地方，如闹市区、集市以及交通要道，因为在这种地方散步，不仅起不到应有的作用，反而对孕妇和 胎儿的健康有害。

⑶ 孕妇如何正确散步：孕妇散步要选好时间——饭后散步。孕妇饭后散步方法一：舒缓散步法首先放一些轻松舒缓的音乐，然后按节奏行走，步伐不要太大，自我感觉轻松舒适就好，同时，双臂自然在身侧摆动，幅度不必太大，配合深呼吸（将充足的空气从鼻孔吸入肺部，由嘴部呼出）这种散步方式可扩张肺部功能，锻炼分娩时需要的呼吸技巧。孕妇饭后散步方法二：交替散步法。所谓交替就是快慢结合，首先从慢走开始，利用慢走热身，10 分钟左右即可。第二步、步伐稍微加快，1 ～ 2 分钟即可。第三步，快步行走近似小跑，2 分钟即可。如此循环 4 ～ 5 次，其中自第二次开始，慢走减为 5 分钟，结束时，慢走 5 分钟，放松身体。这样可以锻炼腿部肌肉力量，帮助自然分娩。孕妇饭后散步方法三：综合散步法。就是在第二种散步法基础上，添加肢体动作，达到活动全身的目的。比如每做完一个循环，双腿微叉至臀宽，手臂抬起起至与肩同宽，手掌向前伸展，然后匀速下蹲 3 ～ 5 次；一手掐腰，另一只手臂前伸，上半身向手臂掐腰一侧转，同时匀速下蹲。这一过程也是 3 ～ 5 次，做完换方向，同上。

孕妇游泳

(1) 孕妇游泳的好处：怀孕期间游泳对准妈妈是很有益处的，能够调节你的神经系统功能，促进血液循环，使你会更加适应分娩，减少由于紧张而引起的不适情绪，缓和某些孕期综合征，如腰背疼痛、痔疮和下肢水肿等压迫症状。

好处一：准妈妈需要柔的运动。怀孕期间你的韧带和关节要比平时更加松弛，更加柔软，因此剧烈运动可能会给你造成伤害。所以应当以更为柔和的调节方式开始锻炼，游泳就是一项比较柔和的锻炼形式。

好处二：甩掉体重负担。对于准妈妈来说，你带着额外的二十多斤的身孕，锻炼时这额外重量带来的压力也许会在身体的某个部位感到不适，游泳这一锻炼形式，使你感到没有体重负担。

好处三：保持体温相对恒定怀孕期间孕妇体温升高对胎儿是有害的。运动时，虽然你感到体温不算太高，但是要记住胎儿没有体温调节机制，因而如果你的身体不降温就可能伤及胎儿。游泳运动不会使你的体温升高太多一直以来，孕妇游泳是被劝阻的。人们认为，冷水会引起子宫收缩，造成流产、早产。孕妇接触冷水还会使末梢毛细血管收缩，血压上升，并导致妊娠中毒症。只要掌握好水温、运动量和游泳方法，孕妇游泳有很多好处。

(2) 游泳前的准备：a. 选择水质、清洁度、过滤消毒设备完善，管理相对完善的游泳场馆，以保证游泳时的卫生和安全。b. 要考虑室内温度及通风情况，以防锻炼或休息时不会因为环境温度等不适条件而感冒。c. 游泳之前必须办理健康证，如有心脏病、肝炎、皮肤病等疾病严禁游泳，应对自己、对他人的健康负责。d. 游泳池的水温不能太凉，太凉的水可能引起子宫收缩或出现蛋白尿。e. 在下水之前应先沐浴，将身上的汗渍冲洗掉再游泳，这样可以使自己很快适应水温，同时维护池水清洁。f. 在游泳之前要补充一定液体食物和营养。怀孕妇女容易脱水，这时由于液体补充不足而引起的。游泳时人虽然在水中，但毕竟是在运动，要消耗你的能量，只是你感觉不明显而已。g. 运动前不要过饱或过饥。过饱增加身体负担引起不适，过饥能量补充不足，易发生晕眩。h. 下水前应活动一下身体，以防在水中发生腿抽筋。

怎样训练胎儿运动功能

胎教理论主张适当对胎儿进行运动刺激，以激发胎儿运动的积极性，促进胎儿的身心发育。研究结果表明，凡是在子宫内受过运动训练的胎儿，出生后翻身、爬行、坐立、走路及跳跃等动作的发育均明显优于一般孩子。俗话说心灵手巧，可见二者是密切联系的。

运动训练可于妊娠 3 ～ 4 个月开始。训练时孕妇应仰卧，全身尽量放松，先用手在腹部来回抚摸，然后用手轻戳腹部的不同部位，并观察胎儿的反应。开始时动作宜轻，时间宜短，几周后，胎儿就逐渐地适应了这种训练方法，能积极做出一些相应的反应。这时，可稍延长训练时间，每次以 5 分钟为宜。

到了妊娠 6 个月以后，可以轻轻拍打腹部。到妊娠 7 ～ 8 个月训练高峰时，每次也不宜超过 10 分钟。

运动训练时手法一定要轻柔，一定要坚持每日进行。另外在妊娠早期和分娩前期都不宜进行。

运动胎教不能做的运动

(1) 避免参加那些会使你摔跤或失去平衡的运动，例如骑马、骑车、滑雪或打网球。

(2) 不要搬重物或进行负重的运动。

(3) 妊娠 20 周之后，不要尝试任何特别的活，如仰卧起坐，这种运动会压迫输送血液到子宫的主要血管。注意观察自己的心跳频率，保证自己的心率每分钟不要高于 140 次。

运动会损伤胎儿吗

怀孕是女性崇高而又自然的事。作为妈妈应该使自己适应怀孕这一过程。有条理地正规地进行胎教运动，可以使你在怀孕期间获得最大的舒适，并在这期间使身体处于最佳状态。

但是，如今有些孕妇担心活动会伤胎，而不敢参加适当的劳动和运动，这是不对的。相反，适当的运动能使全身肌肉活动，促进血液循环，增加母亲的血液和胎儿血液的交换；能增进食欲，使胎儿得到更多的营养；能促进胃肠蠕动，减少便秘；还可以增强腹肌、腰背肌和骨盆底肌的能力，有利改善盆腔充血和使分娩时的肌肉放松，减轻产道的阻力，顺利分娩。

胎教运动，能在胎儿发育中发挥出乎意料的作用。

运动胎教需要注意什么

(1) 孕妇运动时心率不能过快，尽量不超过最大心率。运动中孕妇如出现晕眩、恶心或疲劳等情况，应立即停止运动；如发生腹痛或阴道出血等情况，要及时上医院检查。孕妇还应注意，着装宜宽松舒适，鞋要合脚轻便；运动中及时补充水分，防止虚脱；注意保暖，以免着凉；最好在空气清新、绿树成荫的场所锻炼，这对母体和胎儿的身心健康均有裨益。

(2) 孕妇不宜做出汗运动。适当的运动有益于孕妇和胎儿的健康，但孕妇在运动前一定要听取医生的意见，要清楚孕期的哪个阶段可以运动，哪些时候根本不能运动，以及适合孕妇的运动方式。孕妇适合做何种运动、运动量的大小，也都要根据个人的身体状况而定，不能一概而论。如果孕妇怀孕前就一直有锻炼的习惯，在孕期可以继续选择锻炼，但开始的时候一定要慢慢来。

(3) 孕妇不适合潜水、骑马。孕期的前 3 个月一定要小心，这个阶段最好不要剧烈运动。在孕期的 3 个月到 28 周期间，孕妇可以适当进行运动。在怀孕的后期即 28 周后，孕妇也不适宜再做运动，因为这时胎儿已经长得很大了，运动有可能造成过敏性宫缩，导致早产等问题出现。另外，对于孕妇来说，在孕期的 3 个月到 28 周前选择运动也要注意运动的类型。最好做不紧不慢的运动，如游泳、打太极、散步、比较简单的瑜伽等。一定要避免强烈的腹部运动，也要避免做和别人有身体接触的运动。运动也不能进行跳跃性的或者需要冲刺的运动，要避免做快速爆发的运动，如打羽毛球、网球等，骑马或者潜水等运动也不适合孕妇；尤其是潜水很容易使孕妇处于缺氧状态，导致胎儿畸形。孕妇可以多做呼吸练习，这可以帮助孕妇放松和保持安静，也有助于在分娩过程中配合宫缩，因此孕妇最好经常进行这种练习。浅呼吸：孕妇最好坐在地板上，双腿在身前交叉，腰背挺直，用口呼气吸气。深呼吸：双腿在身前交叉，以舒适的姿势坐在地板上，腰背挺直，用鼻孔深吸气，缓慢呼出，重复练习。此外，孕妇还可以做一些肌肉锻炼，包括盆底肌肉锻炼：怀孕期间孕妇的盆底肌肉很可能被削弱，因此加强这些肌肉的力量，对孕妇以及生产都很重要。每天最好练习 300 ～ 350 次。孕妇要像小便憋尿那样用力收紧肌肉，尽可能地多坚持一些时间，然后放松，重复 30 次。感觉疲劳的时候可以休息一下。大腿肌肉锻炼：以青蛙的姿势坐在地板上，背挺直，将双脚的脚心相对；双手握着脚踝，尽量将双脚向身体靠拢，用双肘向下压大腿，坚持这种姿势数到 10，然后重复 15 次。

运动胎教每次不要超过10分钟

运动训练可于妊娠 3 ～ 4 个月开始。训练时孕妇应仰卧，全身尽量放松，先用手在腹部来回抚摸，然后用手轻戳腹部的不同部位，并观察胎儿的反应。开始时动作宜轻，时间宜短，几周后，胎儿就逐渐地适应了这种训练方法，能积极做出一些相应的反应。这时，可稍延长训练时间，每次以 5 分钟为宜。

到了妊娠 6 个月以后，可以轻轻拍打腹部。到妊娠 7 ～ 8 个月训练高峰时，每次也不宜超过 10 分钟。

运动训练时，手法一定要轻柔，一定要坚持每日进行。另外在妊娠早期和分娩前期都不宜进行。

胎儿需要的是母亲的爱。怎样给胎儿以爱呢？这不但需要语言上的和煦春风、优美的乐曲，而且还需要有肢体的接触，柔情的生命的亲昵这也许是母亲的本能吧。摸一摸你创造出来的小生命，也是生活中的一种乐趣，不要小看它的作用，腹内小宝宝可是有感觉的。

经常抚摸胎儿，可以激发胎儿运动的积极性，你也许不会明显感到胎儿发回的信号，这种信号缓慢而有节奏，只有实践，才可能有明晰的感觉。

现代医学研究表明，孕妇子宫内胎儿活动的差异，能预示胎儿出生后活动能力的强弱。在正常情况下，胎儿时期活动能力强的婴儿，出生 6 个月后，要比胎儿时期活动能力差的婴儿动作发展更快些。

这时，孕妇不仅是通过抚摸胎儿，和他沟通信息、交流感情，还应当帮助胎儿作“体操”。在母腹中就进行过体操锻炼的胎儿，出生后动作的发展，如翻身、抓、握、爬、坐等，要比一般婴儿早些。特别是小肌肉的发育更加明显。另一方面，手巧与心灵有密切关系，动作的发育间接表明大脑的发育状况。

给胎儿“做操”时间，应选择在胎儿精神良好的时候进行。至于什么时间婴儿精神状态良好，一般认为是早晚，而且每次时间不要太长，以 5 ～ 10 分钟为宜。

步行是最好的运动胎教方式

运动可以增强肺活量、疏通经络、促进血液循环、提高免疫力、改善人的精神状态，对于准妈妈来说，适当的运动对身体大有好处。如果准妈妈气血正，又有活力，胎宝宝就会得到充足的营养，健康地生长；准妈妈适当活动，可以减少患感冒和其他疾病的概率，有利于更快、更好地调理身体，从而减少怀孕带来的不适；户外活动还可以使准妈妈获得必要的新鲜空气。另外，多活动可以增加准妈妈子宫、腰部、腿部等处肌肉的弹性和耐受能力，减少难产的概率，有利于顺利分娩，也有利于产妇产后身体的保健和迅速恢复。步行是最好的胎教运动方式，准妈妈每天可走半小时，这样可促进血液循环，增加呼吸量，促进胃肠蠕动，增强腹部血液循环。因此，如果准妈妈上班路程不远，最好不乘公共汽车，而改步行。

孕早期应坚持每天散步。散步有利于准妈妈呼吸新鲜空气，提高神经系统和心肺功能，促进全身血液循环，增强新陈代谢，加强肌肉活动。所以散步是增强准妈妈和胎儿健康的有效运动方式，准妈妈应坚持每天散步。但要注意，准妈妈最好不要在马路上散步。因为马路上的车辆川流不息，所排放的尾气中有致癌致畸物质，严重影响着人体的健康，对准妈妈及胎宝宝的影响更甚。此外，马路、大街上空气污浊，马达的轰鸣声、刺耳的高音喇叭声等噪音都会对准妈妈及胎宝宝的健康造成极为不利的影响。

因此，准妈妈散步的地点要有所选择，如到空气清新的公园、郊外、林荫绿地、干净的水塘湖泊边等，尽可能不要在污染较大的马路、大街上、人群嘈杂的商场和闹市中散步，以确保准妈妈及胎宝宝的健康。

针对孕早期的运动胎教

宝宝在子宫中的活动方式有握拳、吸吮手指、吞咽羊水、踢腿和翻身等动作。尽管在怀孕 3 个月时，准妈妈还感觉不到胎动，但实际上胎宝宝已经开始了以上的动作，所以从此时起就可以提前进行运动胎教了。运动胎教就是准妈妈在宝宝自发运动的基础上，适当地帮助宝宝进行运动刺激和训练，以促进宝宝的身心发育。

运动胎教的具体做法是：准妈妈仰卧在床上，头不要垫得太高，也可将上身垫高，采取半仰姿势，不论采取什么姿势，一定要以感到舒适为宜。准妈妈要全身放松，呼吸匀称，心平气和，面部呈微笑状，双手轻放在胎宝宝的位置上。双手从上至下，从左至右，轻柔缓慢地抚摸宝宝，心里可想象真的在爱抚可爱的小宝宝，怀着一种喜悦和幸福感，深情地默想或轻轻地说“小宝宝，妈妈真爱你”、“小宝宝真可爱”、“小宝宝快快长，长成一个聪明可爱的小宝宝”。开始时动作宜轻，时间宜短，每次 5 分钟左右即可。

动出健康胎宝宝

练习简单的呼吸法

准妈妈躺着和坐着时可以做做简单的呼吸法。先暗示自己全身放松，要一个部位一个部位地放松，然后柔和地开始深吸气，再慢慢地、细细地、自然地呼气。呼吸时，尽可能让内心处于愉悦状态，这对调节体内血液循环、放松肌体、解除疲劳很有作用。准妈妈由于体内的负担越来越大，容易出现腰酸背痛等不适，可将注意力放在腰部，暗示自己放松腰部，再进行上述的吸气呼气，这样可以减轻不适症状。

进行有氧运动

取坐姿，双膝弯曲，两脚心相对，双手分别握住同侧的脚踝部位。侧卧，抬起上身，抬高一条腿，并反复做屈膝练习。准妈妈在练习过程中动作要柔和，切忌做出过激动作。另外，准妈妈还要注意保持身体平衡，腿部切忌突然从空中落下。

球上摇摆运动

准妈妈坐在健身球上，双腿尽量叉开，以维持身体的稳定性，上身保持坐直。呼气，左手扶住腰部，身体尽量向左弯曲，头部也随之向左倾斜，右手自然下垂。吸气，身体回到原位。然后根据自己的身体状况重复6～8次。换另一侧做同样练习。

对于平时不喜欢运动的准妈妈来说，买个健身球回家是再好不过的选择了。因为健身球有个好处，即使你坐在上面不运动也会消耗热量，帮助你消除脂肪，所以它适合不同运动水平的准妈妈。

准妈妈，动起来！开始做准妈妈操

第一节足尖运动：准妈妈坐在椅子上，两足平踏地面，将两足尖尽量上翘至最高，然后再放下，这样反复多次。注意足尖上跷时脚掌不要离开地面。

第二节踝关节运动：准妈妈坐在椅子上，跷起二郎腿，另一条腿脚掌踏地面，跷起腿的足尖伸直，缓缓地上下左右活动踝关节数次，然后将足背向下伸直使膝盖、踝关节和足背成一直线。就这样两腿

交替做这些动作。每日 2 次，每次 10 分钟。

第三节盘坐运动：晚睡前或晨起准妈妈盘腿而坐，两手按在膝关节上并用力把膝关节向下压，每次呼吸松手一次，如此一压一放持续 2～3 分钟，每日 1 次。

第四节腰背运动：仰卧、屈膝，两臂平伸稍离开身体，并用肩和臂部支撑使其腰背尽量向上挺起呈反弓状持续 10 秒钟后复原，再静卧 10 秒钟。

第五节弓背运动：两手掌和膝部着地，头向下垂，跪势，背呈弓状，然后抬头目视前方，伸背使头肩在同一水平上，接着仰头，挺胸，塌腰，使腰背呈反弓状。

①

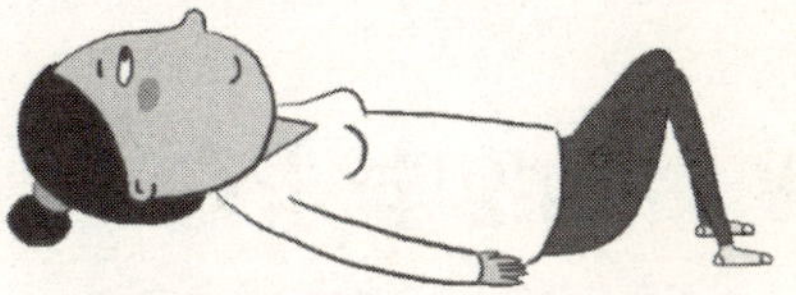

第六节单腿运动：仰卧，左腿伸直，右腿屈曲，足底平放于床上，然后右腿缓慢倒向左腿，使腰扭转，接着右膝再向外侧缓缓倒下使右侧大腿贴近床面，如此左、右交替练习。

②

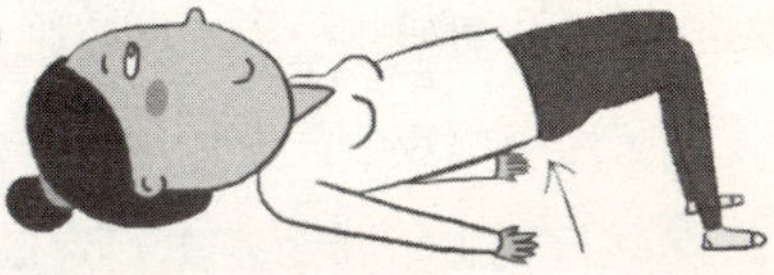

胎宝宝，动起来！开始做操喽

准妈妈仰卧位，两腿伸直，周身放松，将手放于腹部来回轻轻地抚摸胎宝宝，有的胎宝宝在妈妈的抚摸下会马上做出反应，有的则要过一会儿甚至几天才能做出反应。如果胎宝宝感到不舒服就会用力蹬腿表示反对，遇到这种情况就应该马上停下来，过几天再做，慢慢地等胎宝宝逐渐适应，以后当妈妈再用手抚摸胎宝宝时，胎宝宝就会主动迎上来，这时准妈妈就可以给胎宝宝做操了。具体方法：

第一节抚摸法：准妈妈双手捧住腹部，如同捧住胎宝宝一样在腹壁上轻轻抚摸，从上至下，从左到右约 3 分钟。

第二节指压法：用手指在腹正中反复轻压腹部 2 分钟。

第三节推腹法：在腹部左侧壁轻轻推 5 次，然后在右侧壁轻推 5 次，用力不要过猛，使胎宝宝借助外界的力量在妈妈腹内上、下、左、右运动。

第四节拍腹法：准妈妈用手在同一个方向轻拍腹壁 3～5 次，再掉换不同方向轻拍，每次 3 分钟。

第五节左侧卧位：准妈妈缓慢转动身体于左侧卧位 5 分钟然后复原。胎儿操每天做一次，每次做操时配上动听的音乐或伴着准妈妈的喃喃细语，效果会更好。

对胎宝宝进行宫内运动训练

在怀孕 3～4 个月后，可以适当对宝宝进行宫内运动训练。做法是：准妈妈仰卧，全身放松，先用手在腹部来回抚摸，然后用手指轻按腹部的不同部位，并观察宝宝有何反应。开始时动作宜轻，时间宜短，过几周可稍加一点运动量。

胎教理论主张对宝宝进行运动训练，这可以激发宝宝运动的积极性，促进宝宝身心发育，但运动量一定要适当。现代医学已证明，胎动的强弱和胎动的频率可以预示宝宝在母体内的健康状况，有人曾对胎动强者和胎动弱者进行观察，发现在宫内活动强者出生后其动作的协调性和反应的灵敏度上均优于出生前胎动弱者。

凡是在母体内受过运动训练的宝宝出生后翻身、爬行、坐立、行走及跳跃等动作都明显地早于一般的宝宝。因此宝宝的运动训练确实不失为一种积极有效的胎教手段。有些准妈妈对宝宝进行运动训练表示担心，认为锻炼会伤害宝宝，其实这种担心是多余的，宝宝在 4 个月时胎盘已经很牢固了，宝宝此时在母体内具有较大的活动空间。而且环绕着宝宝的羊水对于外来的作用力具有缓冲作用，可以保护宝宝。所以准妈妈对宝宝进行运动训练时并不会直接碰到宝宝，这一点准妈妈大可放心，进行适当的宝宝运动训练是不会伤害宝宝的。

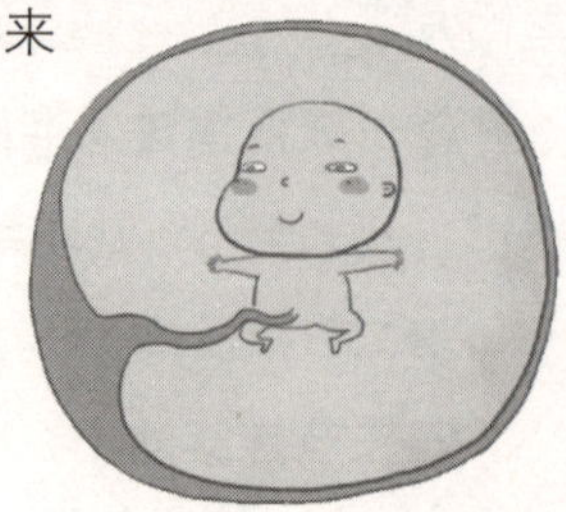

怀孕中期的运动胎教

练习盘腿坐

早晨起床和临睡时盘腿坐在地板上，两手轻放两腿上，然后两手用力把膝盖向下推压，持续一呼一吸时间，即把手放开。如此一压一放，反复练习 2 ～ 3 分钟。

益处分析：此活动通过伸展肌肉，可松弛腰部关节。

骨盆扭转运动

仰卧，左腿伸直，右腿向上屈膝，足后跟贴近臀部，然后，右膝缓缓倒向左腿，使腰扭转。接着，右膝再向外侧缓缓倒下，使右侧大腿贴近床面。如此左右交替练习。

益处分析：可加强骨盆关节和腰部肌肉的柔软。

动骨盆运动

仰卧、屈膝，腰背缓缓向上呈反弓状，复原后静 10 秒钟再重复；然后，两手掌和膝部着地，头向下垂，背呈弓状，然后边抬头，边伸背，使头背在同一水平上，接着仰头，使腰背呈反弓状，最后头向下垂，反复。

益处分析：目的是松弛骨盆和腰部关节，使产道出口肌肉柔软，强健下腹肌肉。

腹式呼吸练习

腹式呼吸应从卧位开始，分四步进行：第一步用口吸气，同时使腹部鼓起；第二步再用口呼气，同时收缩腹部；第三步用口呼吸熟练后：再用鼻吸气和呼气，使腹部鼓起和收缩；第四步在与呼吸节拍一致的音乐伴奏下做腹式呼吸练习。

益处分析：锻炼腹部肌肉，使腹内脏器得到充分运动，促进各脏器功能的协调。

帮助胎宝宝做体操

研究表明，胎宝宝活动的差异能预示他们出生后活动能力的强弱。在正常情况下，胎儿期活动力强的婴儿，出生后 6 个月观察得知，要比在胎内不怎么活动的婴儿动作发展更快些。胎动是胎宝宝主动运动的表示，一般从怀孕第7周起就开始自己活动。小至吞咽、眯眼、咂拇指、握拳头，大至伸展四肢、转身、翻筋斗，胎宝宝都可以做到。大约在16周之后，准妈妈便可以感到胎动。

给胎宝宝做体操的具体方法如下：准妈妈躺在床上，全身尽量放松。在腹部松弛的情况下用双手捧住胎宝宝，轻轻抚摸，然后用一个手指轻轻一压再放松。这时胎宝宝便会做出一些反应，胎宝宝的情况不一样，反应的速度也有快有慢。如果此时胎宝宝不高兴，就会用力挣脱，或者蹬腿反抗，这时应该马上停止。在刚开始的时候，胎宝宝只做出响应，过几周后，胎宝宝对妈妈的手法熟悉了，一接触妈妈的手就会主动要求玩耍，胎宝宝6～7个月时，妈妈就能感觉出他的形体，这时就可以轻轻地推着胎宝宝在腹中“散步”了。

经常抚摸胎宝宝的准妈妈，有时会收到意想不到的效果。有一产妇难产，胎宝宝心律失常，医生正准备抢救胎宝宝；这时，产妇突然想起她经常抚摸胎宝宝并同他做游戏的事。于是，这位产妇立即开始抚摸胎宝宝，很快一切都正常了，宝宝平安降生。如果能够和着轻快的乐曲同胎宝宝交谈，与胎宝宝“玩耍”，效果会更好，可以帮助胎宝宝发育得更好。需要注意的是，给胎宝宝做操应该定时。比较理想的时间是在傍晚胎动频繁时，也可以在夜晚9时左右。但不可太晚，以免胎宝宝兴奋起来手舞足蹈，使准妈妈久久不能入睡。每次的时间也不可过长，5～10分钟为宜。但有早期宫缩者不宜用这种办法。

孕早期：和胎宝宝一起做游戏

准父母对胎宝宝做游戏胎教训练，不但增进了胎宝宝活动的积极性，而且有利于胎宝宝智力的发育。通过胎儿B超的荧屏显示来观察一下胎宝宝在母体内的活动情况：胎宝宝在某一天醒来伸了一个懒腰，打了一个哈欠，又调皮地

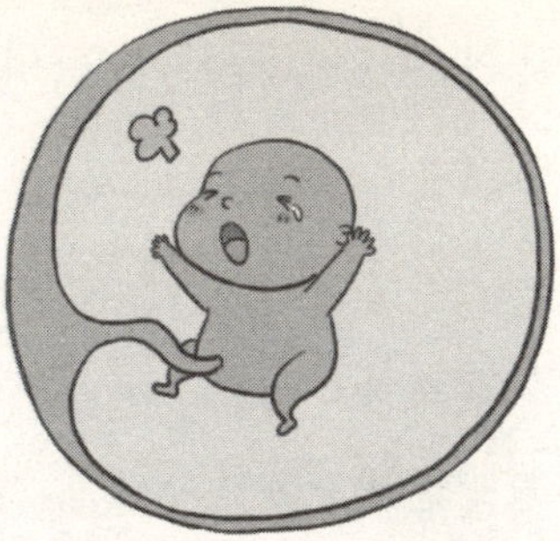

脚蹬了一下妈妈的肚子，这使他感到很满意。一个偶然的机会使胎儿的手碰到了漂浮在旁边的脐带，“这是什么东西？”很快脐带成了他的游戏对象，一有机会便抓过来玩弄几下，有时还抓住脐带将它送入嘴边，这个动作使他产生了一阵快意。从胎儿这些动作和大脑的发育情况分析，科学家们认为胎宝宝完全有能力在准父母的训练下进行游戏活动。据国外报道，天才儿迭戈在母亲腹内第3个月起，他的父母亲就开始对他进行游戏训练，通过敲他母亲的腹壁观察他的反应。经过一段时间的训练，小迭戈已经会调皮地与人玩游戏了。当有人敲他母亲一下，他也敲一下；敲他两下，他也敲两下。而且他的父母很自豪地说，他们的孩子一出世就马上认出他的父母。可见胎儿是很有潜能的，只要准父母不失时机地通过各种渠道对胎儿施于早期胎教，使他获得良好而有益的刺激，本身的能力得到开发，将远远超过历史上任何一个天才。

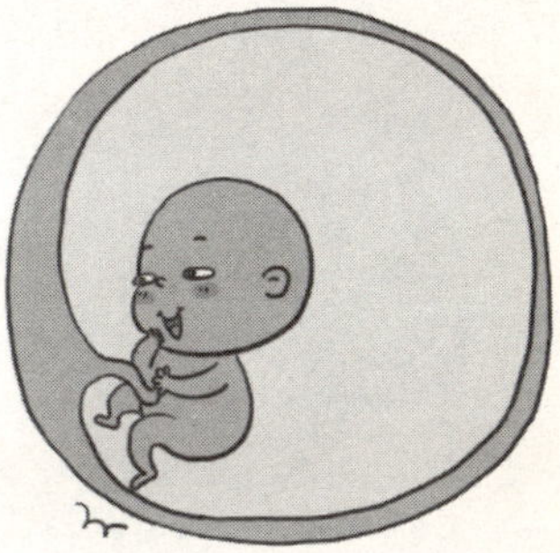

准妈妈、胎宝宝一起做运动

快步走

快走的姿势与散步的姿势相似，但手臂摆动幅度更大一些，步伐也更快一些，心率尽量控制在每分钟120～140次。快走可以根据个人的体质情况循序渐进，最好是每周坚持20～45分钟。

半蹲练习

两脚自然分开，膝盖对准脚尖方向，手臂自然下垂放在身体两侧，目视前方。

吸气时屈膝半蹲，手臂向前平举，呼气时还原，反复练习 10 次。下蹲时膝盖和脚掌不要向内侧翻。下蹲过程中臀部不要向后翘起。

皮带操

将橡皮带放在瑜伽垫子上，然后盘腿坐在皮带上，双手握住皮带的两端，自然放于身体两侧。呼气时手臂向身体两侧平举，吸气时还原至初始位置，反复练习 10 次。

准妈妈徒手操帮助胎宝宝肢体活动

【背部运动】

缓解背痛的运动方法：平躺，膝盖弯曲，双脚底平贴地面，同时下腹肌肉收缩使臀部稍微抬离地板，然后再放下，做运动的同时配合呼吸，先自鼻孔吸入一口气，然后自口中慢慢吐气，吐气时将背部压向地面至收缩腹部，放松背部及腹部时再吸气，吐气后会觉得背部比以前平坦。

次数：每遍 20 次，每天 1～2 遍。

【训练骨盆底部肌肉运动】

训练骨盆底部肌肉运动的方法：坐在地板上，两足在脚踝处交叉，轻轻地把两膝向下推，或两足底相对合在一起，且向下轻压两膝。

次数：每遍 20 次，每天 1～2 遍。

【伸展大腿的肌肉运动】

伸展大腿的肌肉运动的方法一：平躺，两手置身旁两侧，做一个廓清式呼吸（即深吸一口气，用力吐出一口气）。慢慢抬起右腿，脚尖向前伸直，同时慢慢自鼻孔吸入一口气，注意两膝要伸直。然后脚掌向上屈曲，右腿慢慢放回地面，同时自口呼出一口气，接着左腿以同样的动作做一次。注意吸气和呼气，要与腿的抬高及放下配合进行。当抬腿时，两脚尖尽量向前伸直；腿放下时，脚掌向上屈曲，膝盖要保持挺直。

次数：每条腿各做 5 遍，每天 1～2 次。

伸展大腿的肌肉运动的方法二：站立，手臂和身体呈直角向外伸开，做廓清式呼吸。慢慢抬起右腿，脚尖向前伸直，同时自鼻孔吸入一口气，再自口吐气时，脚掌向上屈曲，同时右腿向右侧外方伸展，慢慢放下右腿，靠近右手臂位置。接下来，脚尖再次向前伸直，自鼻孔吸气，抬高右腿，接着一面自口吐气，一面将右腿放回最初位置之地面上。左腿同样做一次，注意没有抬高的那条腿要保持平贴地面。

次数：每条腿各做 5 遍，每天 1～2 次。要注意，准妈妈运动胎教的时间不宜过长。

准妈妈适时开展运动胎教，能促进胎宝宝大脑及肌肉的健康发育，帮助胎宝宝孕中期的四肢和身体的发育，有利于增强胎宝宝运动功能的发育。

孕中期：和胎宝宝一起做游戏

与胎宝宝玩纸牌配对游戏

本月正是胎宝宝大脑发育较快的时期，准妈妈应该从现在起就培养胎宝宝的联想潜能，这对宝宝未来的学习具有很大帮助。准妈妈准备一些纸张或卡片，然后找一些图片贴在卡片上，做成索引卡，索引卡的内容要属于同一类，如一个苹果与一根香蕉，一辆轿车与一架飞机，一只鹦鹉与一只巨嘴鸟……其次，将所有的卡片放在一起，洗牌，并让有图的正面朝下，翻开两张卡片，如不属于同一类，则仍然正面朝下放回原处，然后再翻开两张，并判断卡片上的物体是否属于同一类。

如果属于同一类，说明配对成功，可以将这两张卡片拿走，另放一边。

随着游戏的进行，卡片被一个一个地翻开。对每一张卡片的位置记得越清楚，成功配对的几率越大。有时你选的一张卡片可以有不同的配对方式。例如，有四样东西：轿车、火车、飞机及云。设计前的原意是用飞机与云配对，因为它们都属于天空，而翻开“飞机”与“火车”时，可把它们配成一对。

与胎宝宝玩踢肚皮的游戏

怀孕第20周，可以在准妈妈的腹部能摸到胎宝宝，当按压胎宝宝的肢体时，胎宝宝马上会缩回。因此，准妈妈可以通过拍打胎宝宝的肢体与胎宝宝建立条件反射，每次3～5分钟。当胎宝宝踢准妈妈的肚子时，准妈妈可以轻轻拍打被踢部位，然后再等胎宝宝第二次踢肚子。一般在1～2分钟后，胎宝宝会再踢，这时再拍几下，停下来。如果你拍的地方改变了，胎宝宝会向你改变的地方再踢，注意改变拍的位置离原来踢的位置不要太远。

良好的睡眠及勤做腹式呼吸

准妈妈睡眠好可以帮助胎儿成长

在睡眠中，垂体会继续制造成长激素，这种激素是胎宝宝成长时不可或缺的。睡眠不但可以消除准妈妈身心的倦怠感，又能积存第二天活动的精力，养精蓄锐，迎接新的一天，这些都是因为垂体激素的作用。妊娠中的准妈妈必须有比平常更充裕的睡眠，就是为了使垂体可以分泌更多的生长激素。古人说：“善睡的孩子长得大”，在妊娠中，善睡的准妈妈也可帮助腹内胎儿快速成长。

准妈妈腹式呼吸法可供给胎儿足够的氧气

据说使用腹部呼吸法会分泌微量的激素，使得心情愉快，准妈妈的这种愉快心情也会影响胎儿，使胎宝宝感觉心脏非常舒服。

腹式呼吸法的正确姿势为背部挺直紧贴在椅背上，膝盖立起，全身放松，双手轻放在腹部，想象胎宝宝目前正居住在一个宽大的空间；然后用鼻子吸气，直到腹部鼓起为止。呼气时稍微将嘴撅起，慢慢地、用力地将体内空气全部呼出，呼气时要比吸气更为缓慢且用力；腹式呼吸法每天做 3 次以上，要持之以恒。早上起床前、中午休息时间、晚上睡觉前各做 1 次，尽量放松全身。轻轻告诉宝宝："妈妈现在就把新鲜空气传送给你！"以这种平静的心情练习，可达事半功倍的效果。确实学会腹式呼吸法后，对于分娩或阵痛的放松很有帮助。

孕晚期的运动胎教

(1) 伸展运动

站立后，蹲下，动作不宜过快，幅度不宜过大；双腿盘坐，上肢交替上下落。

（2）四肢运动

站立，双手向两侧平伸，肢体与肩平，用整个上肢前后摇晃划圈，大小幅度交替进行；站立，用一条腿支撑全身，另一条腿尽量高价，可反复几次。

（3）骨盆运动

准妈妈平卧在床，屈膝，抬起臀部，尽量抬高一些，然后徐徐下落。

（4）腹肌活动

进行半仰卧起坐。准妈妈平卧，屈膝，身体缓慢抬起从平卧位到半坐，然后再回复到平卧。这节运动最好视本人的体力而定。

（5）增强骨盆底肌肉练习

收缩肛门、阴道，再放松。

胎宝宝需要适当的运动刺激

胎宝宝的正常发育需要适当的运动刺激。运动可以促进血液循环，增加氧的吸入，加速羊水循环，并能刺激宝宝的大脑和感觉器官、平衡器官以及循环和呼吸功能的发育。准妈妈可根据自己的身体情况，做以下的 12 种胎教运动：早晨散步、足尖运动、踝关节运动、搓脚心运动、膝胸卧位、骨盆韧带运动、盘腿坐、盆底肌肉运动、站立、行走、手指健脑操及腹式呼吸。其中早晨散步是最适宜准妈妈的运动。准妈妈可在绿树成荫、环境幽静的公园、田野、树林以及河畔等处散步，这些地方空气清新，空气中负离子较多，准妈妈在散步时可吸进较多的氧气，既可改善和调节大脑皮层和中枢神经系统的功能，又能增强对疾病的抵抗力；既有防病功效，又有利于宝宝发育。

孕早期胎教运动操范例

处于孕早期的准妈妈，只要在初期不适的情形有所缓和时，就可以开始进行简单又不激烈的伸展运动，这样可以促进血液循环、刺激肠蠕动、预防便秘、增强会阴与阴道的肌肉弹性及张力、避免静脉曲张、解除脚的疲劳、预防脚抽筋及麻痹、减轻腰酸背痛，更可使生产顺利。

【腿部运动】

做法：1. 以手轻扶稳固的椅背，右腿固定；2. 左腿做 360 度的划圈转动，然后还原，换右腿继续做，早晚各做 5～6 次。

目的：加强骨盆附近肌肉的坚韧性及会阴部肌肉弹性，有利于生产。

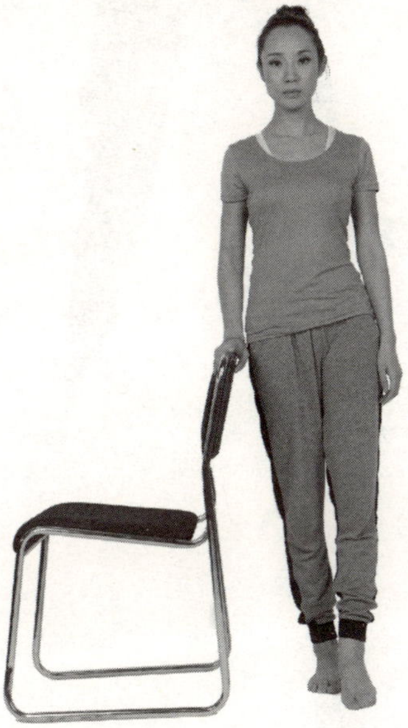

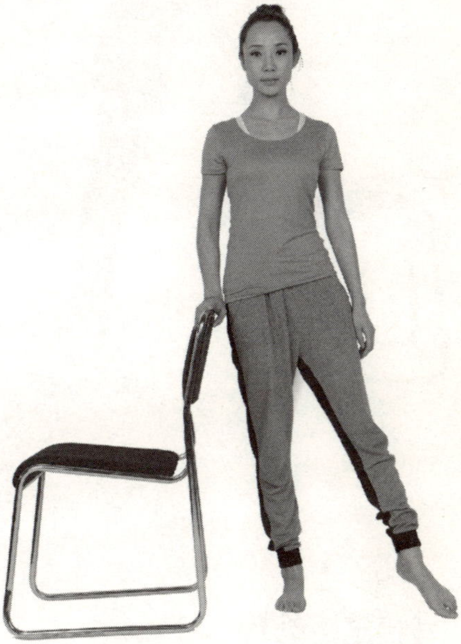

【腰部运动】

做法：（1）手扶椅背，慢慢吸气，同时手臂用力，使身体重心集中于椅背上，脚跟立起，使身体抬高，腰部挺直；（2）然后慢慢呼气，手臂放松，脚还原，早晚各做 5～6 次。

目的：便于生产时加强腹压及会阴部的弹性，使胎儿顺利娩出。

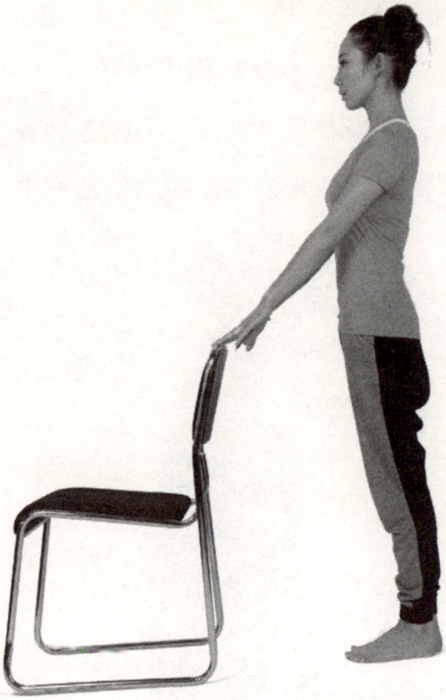

【抬腿运动】

做法：平躺在床上或者垫子上，双腿抬高贴在墙上约5分钟，双腿与床呈垂直状态。

目的：促进下肢血液循环，可避免静脉曲张，并能增加脊椎及臀部肌肉的张力。

【股部肌肉伸展运动】

做法：（1）平躺，一腿伸直，一腿稍微向上弯曲，伸直的那一条腿缩紧脚趾，再缩紧大腿、臀部及肛门肌肉，然后放松；（2）换另一条腿做同样的动作。

目的：解除腿部的疲劳，预防脚抽筋及麻痹。

【蹲距运动】

做法：慢慢蹲下，两臂撑地，两脚分开与肩同宽，上身挺直，使身体重心集中于骨盆底部。

目的：增强骨盆肌肉张力。

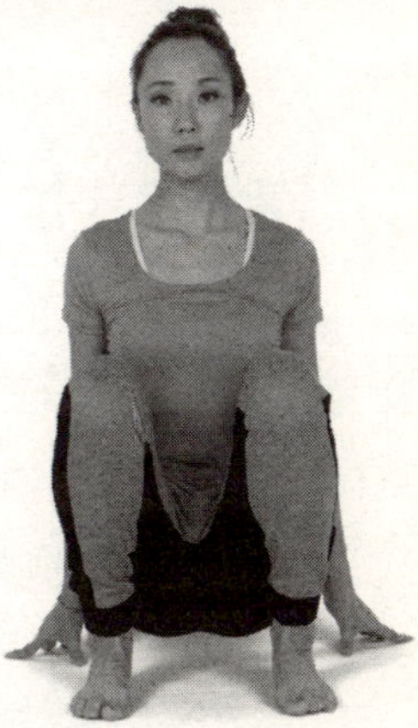

孕中期胎教运动操范例

准妈妈到了孕中期，显得更加有孕味了，之前一些困扰准妈妈的孕初期不适症状也随之减少，这时就应进行积极的产前运动。这样除了可以缓解不适症状之外，还能让准妈妈舒展四肢，有效控制孕期体重。

【盘坐运动】

做法：(1) 席地坐正，脚底相贴，两膝分开，双手分置于两膝盖上；(2) 用手臂慢慢将膝盖往下压，做一次腹式呼吸后，放松双手。开始做 2 分钟，渐渐增加至 10 分钟。

目的：避免小腿肚抽筋，并增加小腿肌肉张力。

【盘腿坐式】

做法：坐下，两小腿一前一后平放，不要交叠，两膝远远分开。平常看电视、聊天、看书时就可采取这种姿势。

目的：强化腹股沟肌肉及关节张力，伸展会阴部肌肉，可预防子宫压迫所产生的抽筋。

【腰背运动】

做法：(1) 平躺，两膝弯曲；(2) 双手抱住膝关节下缘，将头部与上半身向上抬起，下巴尽量贴近胸口，使脊椎弓起来，维持数秒后恢复原来姿势。

目的：减轻孕期的腰酸背痛。

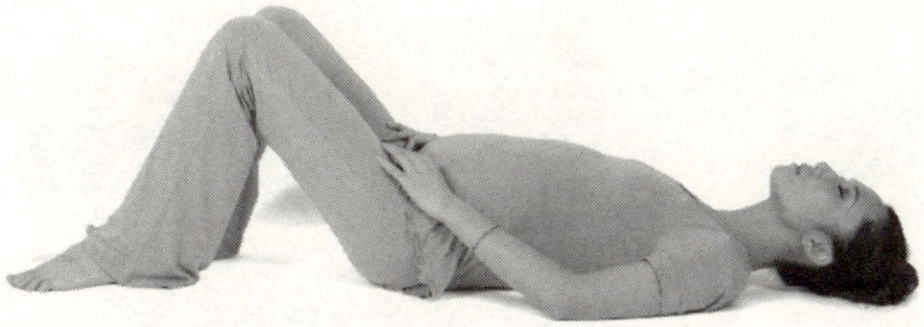

【骨盆及背部摇摆运动】

做法：⑴ 平躺，双手置于身体两侧，膝盖弯曲并拢，小腿与地面垂直，两足分开与肩同宽，脚底平贴床面。

⑵ 利用足部与肩部的力量，慢慢将臀部与背部抬起，同时收缩臀部肌肉并左右摇摆。然后双膝分开，慢慢恢复原来姿势。早晚各做 5 ～ 6 次。

目的：减轻腰酸背痛，增强阴道及会阴肌肉弹性。

【骨盆及背部摇摆运动】

做法：跪着，身体向前，手掌撑地，大腿及手臂皆与地面垂直，腰部与背部重复进行上弓与下压的动作。

目的：减轻腰酸背痛。

【会阴收缩运动（凯格尔运动）】

做法：吸气，紧缩阴道周围及肛门口肌肉（提肛动作），就像憋住大便、憋尿一样，闭气，持续 3～5 秒，再慢慢放松，吐气。休息、坐、躺、走路时，随时可做。

目的：增强会阴与阴道的肌肉弹性及张力，可减少产道撕裂伤，避免生产时大小便失禁及产后尿失禁。

孕晚期胎教运动操范例

距离预产期愈来愈近，很多准妈妈难免会感到紧张不安，为了安抚紧张的情绪，可进行最后阶段的产前运动。准妈妈进行有效的产前运动，可以消除紧张的情绪，让生产的时程更有效率、更顺利！

【膝胸卧式】

做法：(1) 俯卧，双膝跪地分开约一尺宽，大腿与地板垂直；(2) 手肘弯曲，肩部与胸部尽量贴地，腰部挺直，臀部抬高，维持此姿势 2 分钟。

目的：促进骨盆腔血液循环，并可矫正胎位。

【腹式呼吸运动】

做法：(1) 平躺，双腿微弯，用鼻深吸气使腹部凸起，胸部保持不动；(2) 再慢慢吐气，并松弛腹部肌肉。早晚各做 10 ～ 15 次。

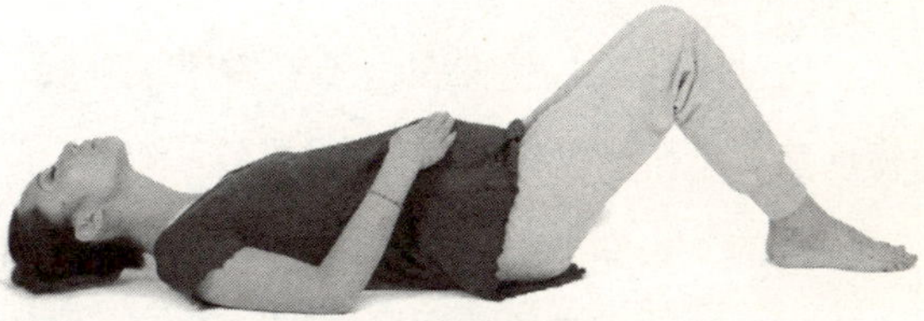

目的：在阵痛开始时，腹式呼吸可松弛腹部肌肉、减轻产痛，并能分散对产痛的注意力。

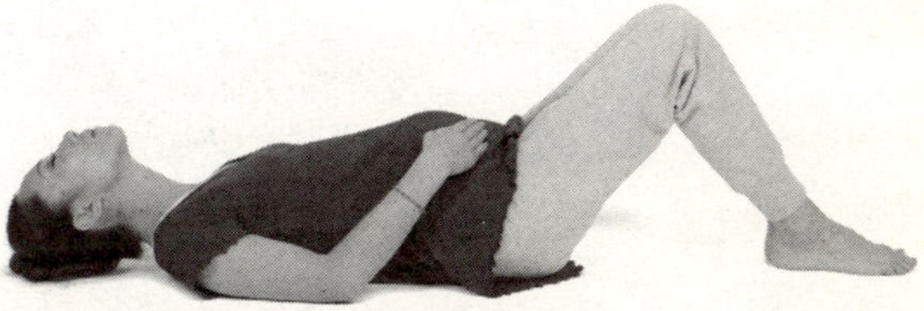

【腹压运动】

做法：(1) 取坐位，双手绕过大腿下将大腿向外伸展，想象此时要将胎儿生出；(2) 深吸一口气，憋住，将下巴贴在胸前，假装用力把横膈膜向下压。切记，到了生产时才须真正用力。早晚各做 5 ～ 6 次。

目的：生产时以此运动配合子宫收缩，增强娩出胎儿的力量。

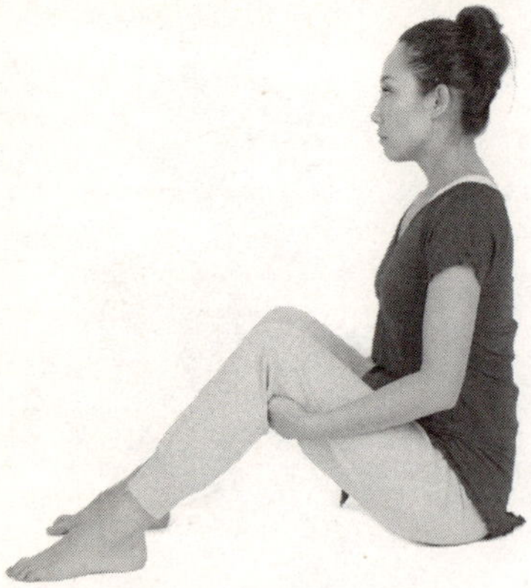

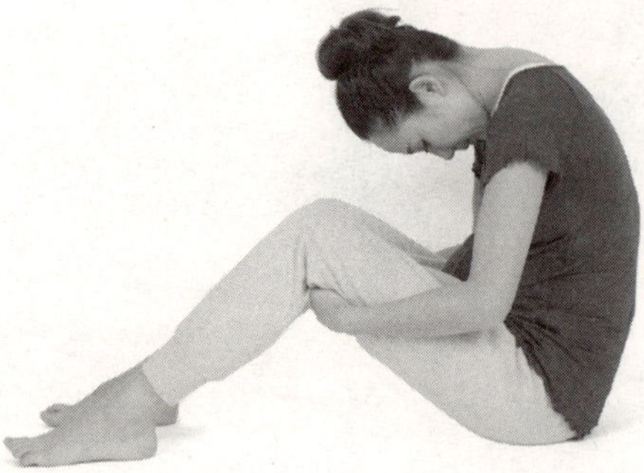

【哈气运动】

做法：平躺，腿伸直，张口做浅速呼吸，每秒钟呼吸一次，每呼吸 10 次必须休息一下再继续做，早晚各做 4 ～ 5 次。

目的：当胎头娩出时做此运动，可避免胎儿快速冲出所造成的胎儿损伤，或产妇会阴及产道的严重撕裂伤。

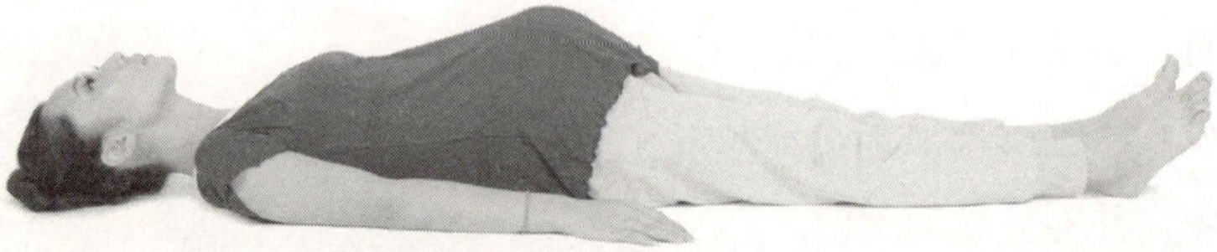

孕早期准妈妈保健运动操范例

【足尖运动】

做法：(1) 准妈妈坐在椅子上，两脚在地面上踏平；(2) 脚尖尽力上翘，翘起后再放下，反复多次，注意脚尖上翘时，脚跟与脚掌不要离地。

功效：通过脚尖运动，促进血液循环，为胎儿输送更多氧气。

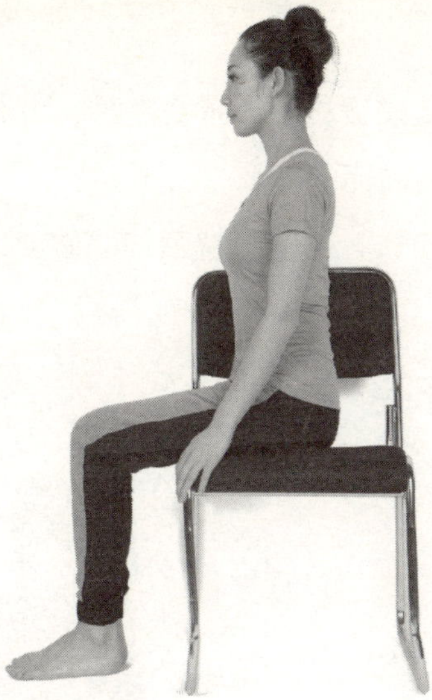

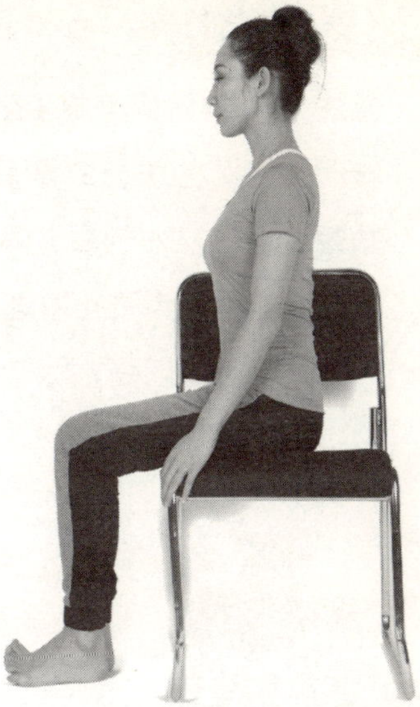

【舒展背部】

做法：(1) 准妈妈盘腿而坐，两手手指在胸前交叉；(2) 再一起向上推过头顶，将背部伸直，借用两臂的力量尽力向上推，上推的同时吸气；(3) 随着两臂放下再缓缓吐气。

功效：可以强化筋骨力量，解除双肩紧张、僵硬状态，并可按摩腹腔。

【转动颈部】

做法：(1) 准妈妈盘腿正坐，脖子向右边缓缓转动，侧视右方；(2) 然后变为向左转动并侧视左方；(3) 最后向上仰视，再转而向下。

功效：通过从左到右，再从右到左的旋转，可以缓解颈部的僵硬，并可增强身体供氧能力，为胎儿输送更多氧气。

【踝关节运动】

做法：(1) 准妈妈坐在椅子上，一条腿放在另一条腿上面，下面一条腿的脚踏平地面，上面的腿缓缓活动踝关节数次；(2) 然后将足背向下伸直，使膝关节、踝关节和足背连成一条直线。两条腿交替练习上述动作。

功效：通过活动踝关节，促进血液循环，舒缓准妈妈肌肉紧张，促进胎儿发育。

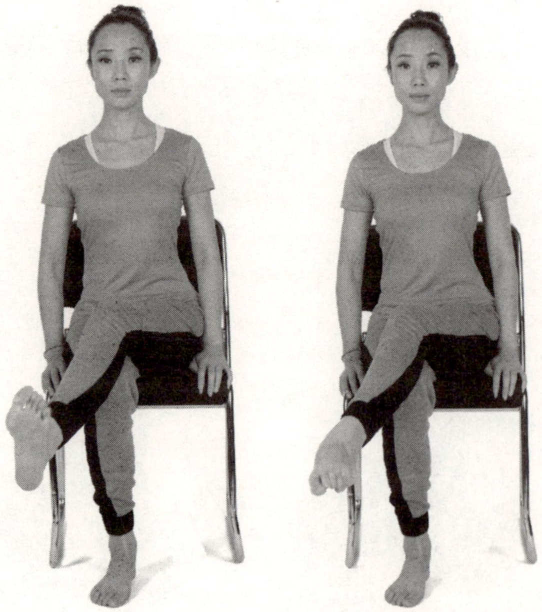

【拉伸腿部肌肉】

做法：(1) 站立，一条腿向前迈出伸直，脚后跟紧贴地面；(2) 后腿弯曲的同时尽量使上半身的头部和腰部保持一条直线。保持15～30秒，注意呼吸均匀。必要时用手轻轻按住前腿的膝盖，这样就不会发生弯曲。

功效：增加小腿部肌肉韧带的柔韧程度，并可按摩腹部胎儿。

【到处走走】

做法：散步是适宜准妈妈的运动锻炼形式中最好的一种。它不受条件限制，可以自由进行。

功效：准妈妈在散步时，可以边呼吸新鲜空气，边欣赏大自然美景，这样可以变换心情，消除烦躁和郁闷；散步过后，会产生轻微适度疲倦，对睡眠有帮助，可促进胎儿发育。

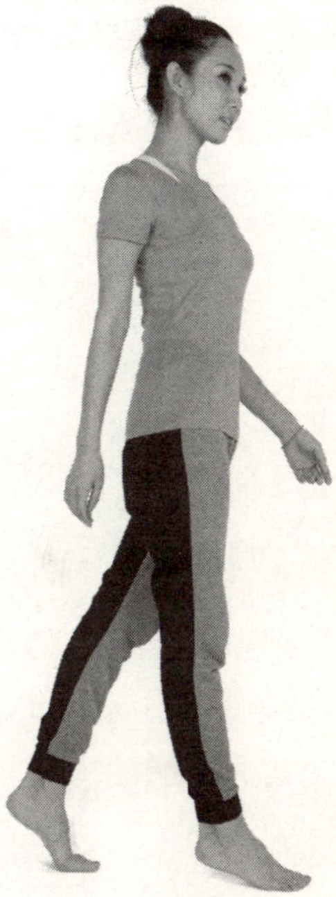

孕中期准妈妈保健运动操范例

【宫内运动训练】

做法：(1) 准妈妈仰卧放松，用手在腹部来回抚摸；(2) 用手指轻按腹部的不同部位，观察胎儿有何反应。开始时动作宜轻，时间宜短，每次时间以 5 分钟为宜。

功效：抚摸腹部，也可以促成羊水晃动，刺激胎儿运动。

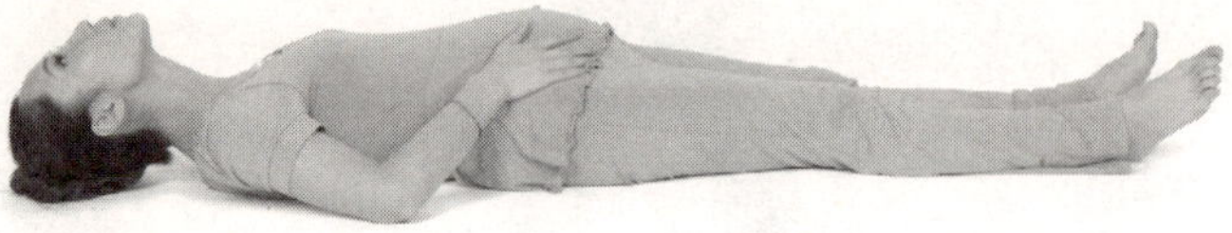

【挤压胎教】

做法：(1) 准妈妈在饭后 1 ～ 2 小时，躺着或坐下；(2) 用一只手压住腹部的一边，再用另一只手压住腹部的另一边，轻轻挤压，感觉胎儿的反应。反复几次，胎儿可能就感觉到有人触摸他，就会踢脚，此时可轻轻拍打被踢的部位几下，手法须轻柔。每次可进行 5 分钟左右，每天 1 ～ 2 次。

功效：对胎儿提供适当的刺激，促使胎儿对刺激作出相应的反应，刺激胎儿大脑的功能发育。

【拍打胎教】

拍打胎教在孕 6 个月以后进行。

做法：⑴ 准妈妈全身放松，呼吸匀称，仰卧在床上，头不要垫得太高，双手轻放在胎儿位上；⑵ 将手掌平贴于腹壁，食指放中指上，然后食指迅速滑下，轻轻拍打腹壁，刺激胎儿活动，如同与胎儿玩耍一般。拍打胎教要在胎动较频繁时进行。每次持续 3 ～ 5 分钟，每日 1 次。

功效：准妈妈通过深情款款的拍打腹壁，给予胎儿良好刺激，可增进胎儿的智力发育。拍打胎教也可以归为运动胎教中的一种。

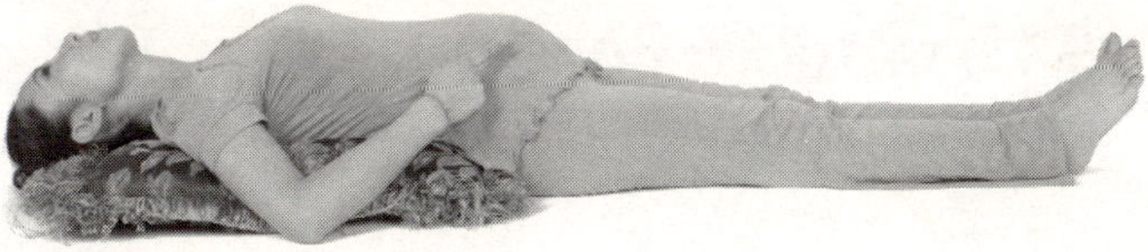

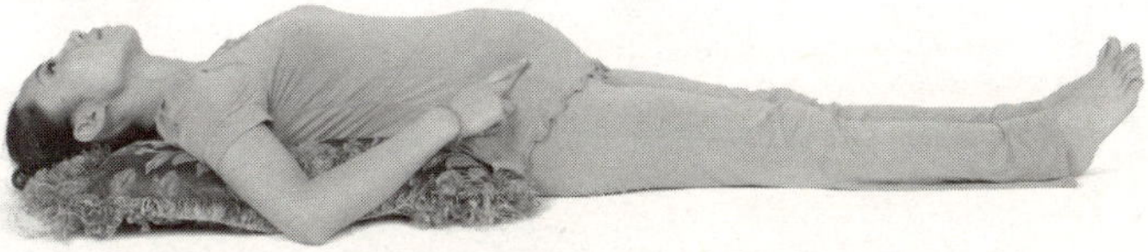

【抚摸刺激胎教】

做法：⑴ 每天临睡前，准妈妈平躺，全身放松，用双手从上向下，由中间向两侧反复抚摸胎体；⑵ 然后轻轻拍摸胎体，每天坚持 5 ～ 10 分钟。

功效：抚摸胎体能增进准妈妈血液循环，也有利于胎儿的智力发育。通过抚摸把刺激传递给胎儿的大脑，加强感受器与大脑的联系，从而产生更为牢固的记忆力。如果准妈妈能坚持到预产期前 2 ～ 3 周，效果会更好。

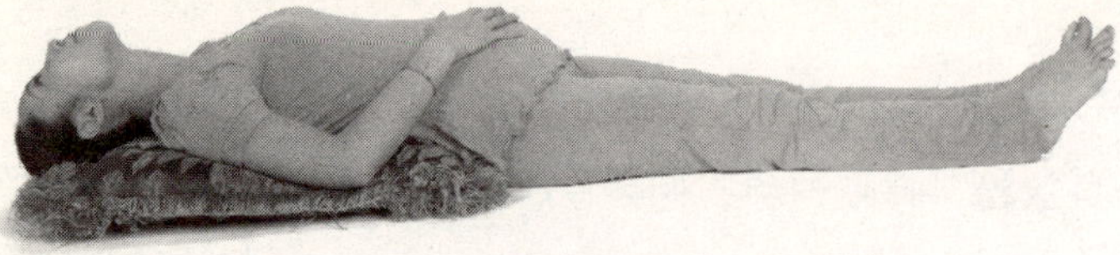

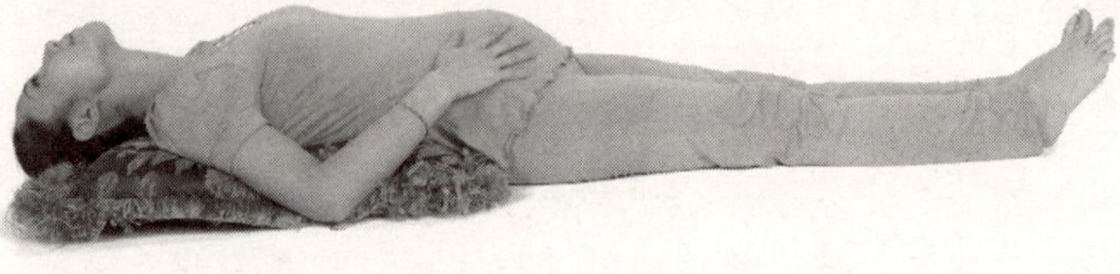

孕晚期准妈妈保健运动操范例

【慢推法胎教】

做法：(1)准妈妈选择合适的姿势，以舒适为宜；(2)准妈妈把双手合并，置于腹部的一端，从右至左或相反方向缓慢地、来回推动宝宝在体内进行移动。再伴以轻柔的说话声(动作要轻缓适度，一般不超过10分钟)。

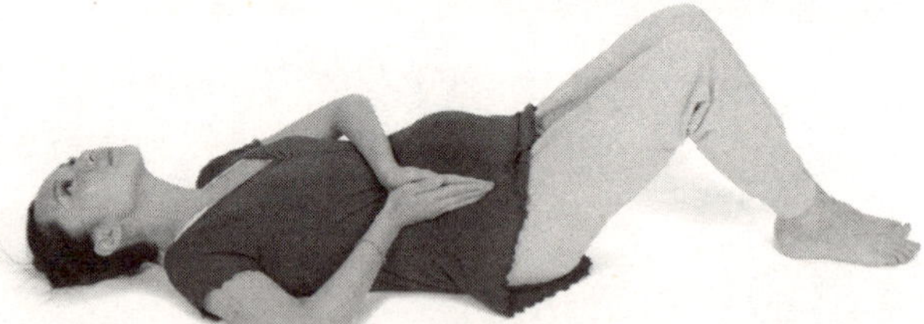

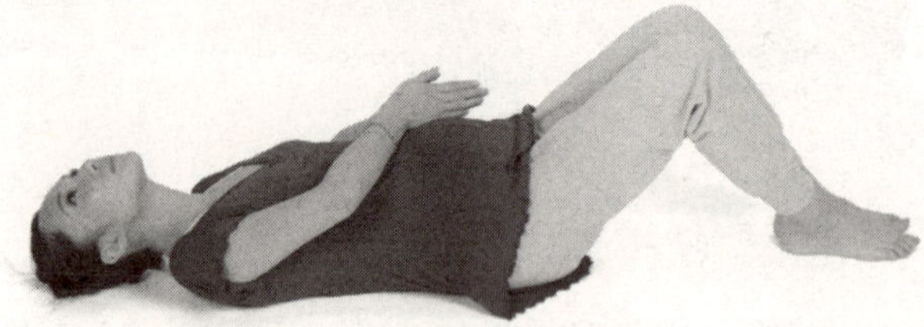

功效：一开始或许胎儿因受压、受推不太习惯，一旦胎儿熟悉了母亲的手法后，也就会接受这种爱抚，主动地配合，从而进行全身运动。

【按压胎教法】

做法：(1) 准妈妈选择自己舒适的姿势，放一首自己喜欢的音乐；(2) 除拇指外四指合在一起，轻轻按压肚皮后，很快弹起，只要保持稍有按压感即可，触点可以从左到右，从右到左，从上到下，从下到上。

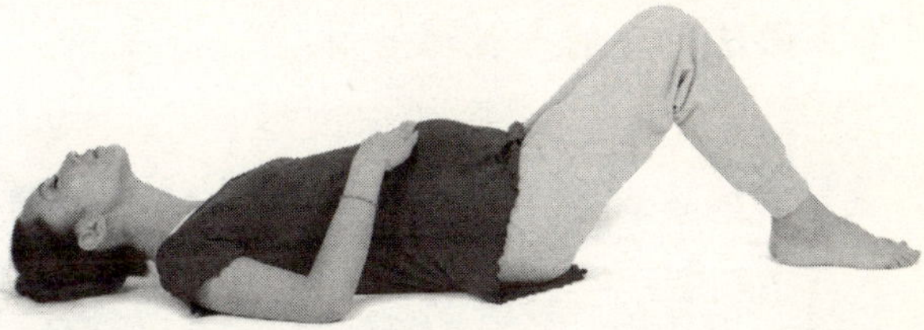

功效：促进与宝宝的深度交流。

【胎儿全身触摸胎教】

做法：(1) 准妈妈选择合适的体位,用手触摸胎体；(2) 有顺序地触摸胎儿，从头部开始，沿背部到臀部至四肢，动作要轻柔。每次5~10 分钟左右。

功效：有利于胎儿感觉系统、神经系统及大脑的发育。在触摸时要注意胎儿的反应，如果胎儿是轻轻的蠕动，说明可以继续进行；如胎儿用力蹬腿，说明胎儿不舒服，就要停下来。

【弹钢琴式全身抚摸胎教】

做法：(1) 放一首利于胎儿胎动反应的音乐，准妈妈选择适合的姿势躺好；(2) 准妈妈伴随音乐，把自己的肚皮当作一架钢琴，手指可以像弹钢琴似的，相互交错，灵巧地在肚皮上有节奏的弹动，感受宝宝给出的反应。

功效：此胎教法伴随音乐，且手指有规律的弹动，可使出生后的宝宝更有韵律感。

【散步按摩胎儿胎教】

当准妈妈在自然走动的过程中，会带动子宫内羊水的晃动与胎儿的皮肤产生压力与摩擦，这种“摩擦”对胎儿的皮肤就是一种特别的“抚摸”。所以，准妈妈在孕期进行有规律的运动，除了能帮助自己控制孕期体重，对胎宝宝也是一种胎教。

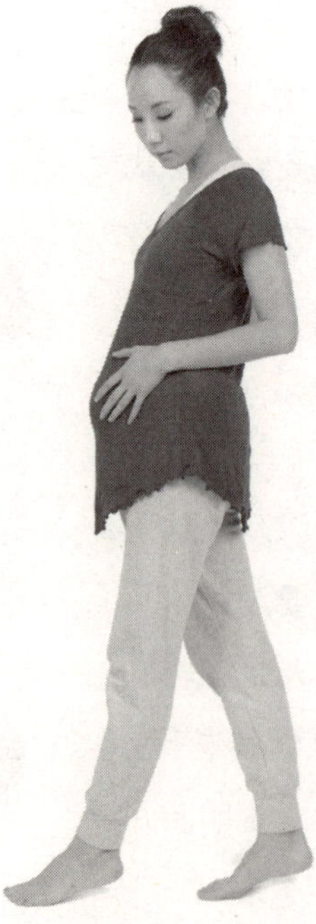

Part6

音乐胎教
进行时

依偎在妈妈的肚子里，倾听世界的声音

音乐胎教的作用

艺术作用

音乐除了艺术上的价值之外，还有各种生理的、心理的效应。心理学家认为，音乐能渗入人们的心灵，激起人们无意识的超境界的幻觉，并能唤起平时被抑制了的记忆。音乐胎教能使孕妇心旷神怡，浮想联翩，从而改善不良情绪，产生良好的心境，并将这种信息传递给腹中的胎儿，使其深受感染。同时，优美动听的胎教音乐能够给躁动于腹中的胎儿留下深刻的印象，使他朦胧地意识到，世界是多么和谐，多么美好。

生理作用

胎教音乐通过悦耳怡人的音响效果对孕妇和胎儿听觉神经器官的刺激引起大脑细胞的兴奋，改变下丘脑递质的释放，促使母体分泌出一些有益于健康的激素如酶、乙酰胆碱等，使身体保持极佳状态，促进腹中的胎儿健康成长。

怀孕 4 个月以后，胎儿就有了听力，尤其是 6 个月后，胎儿的听力几乎和成人接近，就可以选择胎教音乐，置于腹部或放在距母亲 1 ～ 1.5 米的地方给母子同听。这样，音韵可以直接刺激胎儿的听觉器官，通过传入神经，传入大脑，促进大脑发育。

近年来胎教音乐越来越受到人们的关注。与之相关的 CD，音乐也相继出版，但是许多操作方式都并非正确与科学。比如，人们通常以为音乐胎教就是把音乐器材放在肚皮上给宝宝听，但是，如果把传声器放在妈妈肚皮上，使声波直接进入人体，这种传导方式对胎儿耳基底膜上的短纤维刺激很强烈，耳蜗底部容易遭到破坏。导致有的孩子生下来就听力缺损。轻者仅能听到说话，重者对高频声音听不到，重者会造成终生耳聋。另外还有现在许多传声器带磁性，对胎儿也有影响，加之许多胎教音乐都是乱选择的，对胎儿身心并没有好的影响。

音乐胎教是一个综合的学科知识，是以音乐治疗的学科专业为基础，以音乐的方式促进孕妇与胎儿健康成长的综合性方法。音乐胎教并不只是一个纯粹的聆听音乐，更不是社会上广泛认为的胎宝宝聆听音乐、听同样的音乐。科学的音乐胎教是一个由音乐贯穿起来的系统而综合的胎教方式，包含有聆听、律动、冥想、、歌唱等不同的形式。在这些不同的音乐胎教方式中，音乐对胎宝宝和准妈妈们在不同的孕期起着不同的作用，我们提倡按照孕早期、孕中期、晚期的不同，合理地进行音乐胎教。

据国外神经学专家研究，胎儿从第 5 周之后形成神经细胞，因此父母亲希望宝宝有什么样的智力，希望能够在有利的条件下增进遗传中大脑潜力的发展，这在一定程度上是可以预先设计的，其方法很简单，那就是胎教。所谓胎教，是指孕妇在怀孕期间的一切心理、生理状态对胎儿将来的身心、智力发展上产生的一切影响。一般说来，准父母身体健康、心情愉快而且营养充足并且有充分的智力刺激环境，所生出的婴儿身体较健康，智力较高。

建议

(1) 营养充足——饮食上既重质量，又适量，所有养分，尤其是蛋白质、维生素、糖类、矿物质等都要充足，但在量的方面，不要过度进补，免得造成胎儿过度肥胖，影响生产过程。

(2) 衣物干净卫生舒适——不要为了怕身材难看而束腰束腹，如此会影响胎儿的正常发展，鞋子也要以舒适为主，不要穿高跟鞋，以免跌倒造成危险。

(3) 休息与睡眠要充足，不要过度劳累。

(4) 适当的运动——夫妇通过体育锻炼保持身体健康，能为下一代提供较好的遗传素质，例如散步、慢跑、登山、郊游，这些轻微的活动有助于顺利生产，但切记做太强烈的运动或繁重的体力劳动。

(5) 保持身体清洁，避免染上疾病。

(6) 定期产前检查——不但可以帮助孕妇了解自己目前的身体状况，早期发现疾病，早期治疗，也能给孕妇提供一个良好的生存环境。

心理方面：孕妇在怀孕期间如果能保持愉快稳定的心情，所生的孩子也能较好地适应外界环境，情绪也会较稳定。

音乐胎教的方法

【哼歌谐振法】

孕妇每天哼唱几首歌，最好是抒情音乐，也可以是摇篮曲。唱时应心情愉快，富于感情，通过歌声的和谐振动，使你的小宝宝有一种“世界是美好的”感觉，能获得感情、感觉上的满足。

【音乐熏陶法】

母亲在每天多次的音乐欣赏中，会产生许多美好的联想，如同进入美妙无比的境界，而这种感受可通过孕妇的神经体液传导给胎儿。

【器物灌输法】

将耳机放在孕妇腹部，播放胎儿喜爱的乐曲，也能收到良好的效果，但每次不要让胎儿听得过于疲乏。

【母教子“唱”法】

胎儿虽有听觉，但毕竟不能唱，孕妇可以想象自己腹中的小宝宝会唱。你可以从音符开始，然后教一些简单的乐谱，通过反复教唱，使胎儿产生记忆印迹。

音乐胎教的基本要求

(1) 音乐就是情感，情感就是生命的和谐，通过对母体音乐体验和素养的提高，从情绪上来达到母体与胎儿的和谐与平衡。

(2) 尽量采用自然的、本土的、与生俱来的方式，让母亲与胎儿进行沟通，而不是采用特殊的方法。

(3) 让母亲用自己独特的方式给宝宝讲述对音乐和生活的理解。

音乐胎教的具体方法

音乐伴随母体和胎儿一起成长

有人曾经说过一句话，心灵成长有三种方式：一、参加一个心灵成长培训；二、记录一段时间的梦，进行精神分析；三、生一个小孩陪着她一起成长。

当母亲有了宝宝的时候，她的生命就有了新的意义。树立这种对生命的积极的意义是胎教的第一步。

音乐胎教，是通过对胎儿施以适当的乐声刺激，促使其神经元轴突、树突及突触的发育，为优化后天的智力及发展音乐天赋奠定基础。音乐胎教并非针对胎儿直接进行音乐的刺激，而是通过母体传达给胎儿。

从母亲的角度来讲，怀孕的母亲大多伴随焦虑紧张等情绪，导致饮食与内分泌等功能混乱，民间通常称为“害喜”的反应，实际上是由于母体对怀孕过分忧虑的心理因素而造成，因此，母亲拥有好的心理环境是胎儿健康成长的好摇篮。针对母亲的胎教过程是通过音乐让母亲减轻对怀孕和生产的焦虑和紧张，为胎儿创造良好的生存环境。并且通过音乐与运动的关系增强母体体质从而改善胎儿的体质因素。

音乐胎教可使用的方法

(1) 积极聆听

(2) 音乐放松与冥想

(3) 音乐与律动

(4) 母教子“唱”

用这些方法让宝宝听音乐，可产生与妈妈听音乐不同的效果。比较起来，为孩子放音乐或哼唱显得要亲密、更直接，胎儿的心率，动作等也会发生较大的变化。尤其要注意，给胎儿听音乐的时间不宜过长，一般以 5 ～ 10 分钟为宜。音乐胎教一般从六个月开始比较合适，最早也要四个月大，因为从第四个月开始，胎儿听力才足够成熟。

胎教音乐的特点

胎教音乐的最大特点就是它的节奏性。正常胎儿的心跳频率大多是在 120 ～ 160 次 / 分钟，只有当音乐的节拍速度与胎儿心跳的节拍速度大致吻合的时候，胎儿在母体中的情绪才容易安定下来。所以这与有的人认为要给胎儿听摇篮曲的想法实际上是大相径庭的。

在利用音乐进行胎教时，最好不要只听几首固定的曲子，应该多样化。但在选曲时应注意到胎动的类型，因为人的个体差异往往在胎儿期就有所显露，胎儿有的“淘气”，有的“调皮”，也有一些是老实、文静的。这些既和胎儿的内外环境有关，也和先天神经类型有关。一般来讲，给那些活泼好动的胎儿听一些节奏缓慢、旋律柔和的乐曲，如“摇篮曲”等；而给那些文静、不爱活动的胎儿听一些轻松活泼、跳跃性强的儿童乐曲、歌曲，如“小天鹅舞曲“等。那将对胎儿的生长、发育起到更明显的效果。

不仅如此，音乐在对胎儿形成安全的条件反射之后，可使其在出生之后通过音乐来改善其不适应的环境。因此，出生之前使用的音乐尽量积极、稳定而赋予平和、温暖的色彩，在它出生之后，这种音乐对它的情绪是有安抚作用。

“莫扎特效应”在胎教里的应用，汤玛帝斯声音研究所针对胎教做了很多工作。他通过可过滤频率的电子耳播放的莫扎特音乐可针对母体进行音乐胎教，并非常有效。“莫扎特”音乐神童创作的音乐与儿童天真纯洁的心灵正好同步，关于他的音乐有着大量的研究，原则上来说巴洛克时期和维也纳古典音乐时期的音乐以声音的美为特点，可用于胎教。

胎教音乐什么时候听

音乐胎教，是通过对胎儿不断地施以适当的乐声刺激，促使其神经元的轴突、树突及突触的发育，为优化后天的智力及发展音乐天赋奠定基础。在生理作用方面，胎教音乐通过悦耳怡人的音响效果对孕妇和胎儿听觉神经器官的刺激引起大脑细胞的兴奋，改变下丘脑递质的释放，促使母体分泌出一些有益于健康的激素如酶、乙酰胆碱等，使身体保持极佳状态，促进腹中的胎儿健康成长。

但它的时间也是有规定的，太早太晚都不好。一般怀孕 24 周，胎儿的听觉功能已经完全建立。母亲的说话声不但可以传递给胎儿，而且胸腔的振动对胎儿也有一定影响。孕妇进行胎教时的注意事项：

(1) 孕妇从孕 26 周开始让胎儿听胎教音乐，每次不超过 20 分钟，每天 1～2

次。用录音机放音，孕妇距音箱 1.5 ～ 2 米，音箱的音强在 65 ～ 70 分贝。

(2) 如果用耳机在孕妇腹壁放音，则耳机处为 60 分贝即可。孕 8 个月后反复播送一首固定的乐曲，可为出生后的孩子培养音乐爱好，并为开发孩子的想象力打下基础。

(3) 作为胎教音乐，要求在频率、节奏、力度和频响范围等方面，应尽可能与宫内胎音合拍。刘泽伦指出，若频率过高会损害胎儿内耳螺旋器基底膜，使其出生后听不到高频声音；节奏过强、力度过大的音乐，会导致听力下降。

(4) 播放音乐时不要使用普通传声器，并尽量地降低噪音。胎教还需与婴儿教育相连接。正如专家强调的那样："始自胎儿的胎教并不能以分娩而结束，还必须与婴儿的早期教育相连贯，这样才不会使胎教前功尽弃。"

? 音乐胎教注意事项

概述

音乐胎教早已被广泛应用，科学试验证明，孕期经常聆听悦耳动人的音乐，除了可以帮助准妈妈保持心情愉悦，增进和胎儿的情感交流外，还能促进胎儿身心发育，培养孩子的音乐兴趣和天赋。那么，如何进行音乐胎教呢？

胎教音乐磁带其实要求很高，绝对不是什么音乐磁带都可以。一旦音频过大，因为孕妇是直接把传声器放在腹壁上的，声波可长驱直入母体内，胎儿受到高频声音的刺激后，极易遭到伤害。轻者出生后听力减退，可能只听到说话声，但却听不见高频的声音，不但音乐不入耳，中老年后还会过早出现耳聋。严重者出生后便丧失了听力，永远坠入无声的世界。

胎教音乐不能无限增智

而现在市场上的胎教音乐磁带良莠不齐，有的磁带音频高达 4000 ～ 5000 赫兹，这种声能很大的胎教音乐天天让胎儿听，对胎儿的听力损伤极大。

此外，专家还强调，孩子的智力与父母的遗传基因关系很大，并非像人们所想象的那样，让胎儿听听音乐，就会超限度地发展。有许多人认为既然胎儿已有眨眼、蹬腿、吸吮等活动，也具有听觉和记忆，只要实施胎教，就能促使孩子的智力发育，却不知这可能只是一厢情愿。

据介绍，虽说胎儿的大脑已能发出脑电波，还具有视、听、味、触的感觉能力，但胎儿毕竟是生活在宫内，不可能像出生后的婴幼儿那样，接触外面多姿多彩的世界，受到各式各样的刺激。所以，年轻准父母们不要过度迷信胎教音乐，除了适当选择音乐，还要注意其他方面的科学胎教，包括保持心情愉悦；生活环境舒适，起居有常，睡眠充足；膳食结构平衡合理等。

根据孕期调整内容

孕早期即妊娠三个月后，宝宝的听觉器官开始发育，这时准妈妈可以选择轻松愉快、诙谐有趣的音乐，帮助消除早孕的烦恼与不适，以获得最佳的孕期心情；当胎儿四个月大，进行音乐胎教时可以选择准妈妈休息或吃饭时进行，在临睡前有胎动的情况下做更合适，每天两次，每次 10 ～ 15 分钟，孕中期宝宝听觉器官已经完全发育，这时胎教音乐内容可以更丰富些，增加轻松活泼、稍快节奏的乐曲，妈妈与宝宝互动，可以边做家务边听；孕晚期时，准妈妈心理难免会出现紧张焦虑，而宝宝的听觉已经接近成人了，这时应该选择柔和舒缓、充满希望的乐曲，半躺在躺椅上或在床上听。

在方式上，准妈妈可以选择和宝宝一起欣赏音乐音响播放，距离扬声器 1.5 ～ 2 米，音响的强度 55 ～ 66 分贝。也可以选择准妈妈给宝宝唱歌的方式，可随着播放的音乐哼哼，也可以自弹自奏自唱，如《摇篮曲》等。

想象和感受很重要

“胎教过程中夫妻双方进行的是一场潜移默化的灵魂交流，要想孕育出健康聪慧的宝宝，夫妻双方共同努力是至关重要的，即当妻子用身体辛勤培育胎儿时，丈夫也要从精神上付出相应的努力。”

据专家介绍，准妈妈在聆听音乐时要加入自己的情感：诗情画意，浮想联翩，在脑海里形成各种生动感人的具体形象。同时全身放松，半坐半卧在摇椅上或一个舒适的地方，把手放在腹部注意胎儿的活动，并告诉宝宝“我们现在一起听音乐”。欣赏时可以想象着动听的音乐节奏，腹中宝宝迷人的笑脸和欢快的体态，在潜意识中同他进行情感交流。

适合胎教的音乐

【选择一个好故事】

所选择的故事应该注重体现勇敢、善良、聪明、勤劳等美好的品质，故事中所蕴藏的情感也是丰富的，并且结局是美好的，给胎宝宝以良性刺激，有利他的成长。

【自己编故事】

如果准妈妈有足够的创造力，你还可以以周围常见的事物为主题，自编童话故事给宝宝听。

【画册上的图】

童话书上的文字是一方面，还要把童话书上的画“读”给胎宝宝听，将图形描述给孩子听，让胎宝宝不仅能听到故事，还能“看”到故事书上所绘的图画。

【富有感染力的声音】

许多准妈妈给宝宝读故事，音调没有起伏变化。一个连你都不能打动的故事，如何又能打动胎儿呢。想象“宝宝”正在你的身边聆听你讲的故事，根据故事情节的变化，变化多种的音调。坚持每天读，每次 20 分钟左右，一天累积一个小时。

【朗诵抒情法】

在音乐伴奏与歌曲伴唱的同时，选几首你喜欢的诗词或是童话合着音乐朗诵给胎宝宝听，器乐、歌曲与朗读三者前后呼应，优美流畅，娓娓动听，达到有条不紊的和谐统一，具有很好的抒发感情作用，能给你和胎宝宝带来美的享受。适宜孕妇采用的音乐胎教方法还有许多，每一个准妈妈可以根据自我的具体情况而采取相应的胎教音乐方法。

【倾听自然之声】

每天清晨，在睁开眼睛之前，先聆听窗外的声音：风声、鸟鸣抑或是雨敲打玻璃窗的声音，这些来自大自然的声音都会让你的心情变得轻松。

【唱歌给胎宝宝听】

据说，俄罗斯的科学家们就鼓励孕妇大声唱歌，歌声不仅仅能平复心中的焦虑，而且对于胎宝宝来说也是很好的胎教。

你低声哼唱自己所喜爱的歌曲。在哼唱时想象你腹中的他（她）正在凝神倾听。这是一种很简单的音乐胎教方法，只要你愿意，任何时候都可以放声歌唱。

音乐胎教的触动

胎教音乐要旋律优美、轻柔舒缓

音乐是一种表现人类情感的独特语言，它凭着旋律、节奏和音响度，触及不同种族、不同语系的人们的心灵，让人产生共鸣。对于孕妈妈来说，它最大的特点便是擅长抒情，能滋养情绪、安抚心理、提升境界；对于胎宝宝来说，音乐（这里是指一些特定的音乐作品）具有刺激大脑的作用。当音乐声传入胎宝宝大脑后，可诱发其大脑突触电位升高，促进大脑的特殊化学物质合成作用，以达到促进胎宝宝智力发育的目的。

对于整个孕期都需要良好情绪和心境的准妈妈，以及大脑正在发育并且需要良好刺激信号的胎宝宝来说，听胎教音乐有重要的作用。

选择胎教音乐的要求是：能维持准妈妈愉快的心情，可良性刺激胎宝宝的生长。即胎教音乐应选择那些旋律优美、富有节奏、轻柔舒缓以及抒情性强的作品，切忌选择那些节奏过于强烈、声音力度过于刺激、情绪变化过于快速、抒发的情感过于悲伤的作品，比如爵士乐、摇滚乐等。

胎教乐曲的选择以西方音乐为例，最好以巴洛克音乐为主，因为巴洛克音乐的音律

与胎宝宝的心律非常接近，而它的和谐旋律可使胎宝宝心灵沉静、全身放松，它的乐声波长正好与胎宝宝脑部的 α 波相符，可刺激 α 波产生，有助于胎宝宝精神的集中与安定。

准妈妈要有美妙的触动

准妈妈欣赏音乐的心境和目的是不同于一般音乐人或音乐爱好者的，她主要是欣赏音乐的旋律，借着悦耳的旋律来安抚自己的情绪、触动自己的心灵，从而将美好的情绪传递给胎宝宝，把美好的体验“输送”到胎宝宝的感觉中。

因此，准妈妈以音乐来影响自己的情绪和丰富自己的想象是欣赏胎教音乐最主要的目的。为了能诱导出自己的愉快心情、安定精神和丰富想象，准妈妈在欣赏胎教音乐时就要发挥想象力，沉浸到音乐营造出的氛围和意境中，从而将美好的感觉传递给胎宝宝，以促进胎教。

给胎宝宝良好的声音刺激

音乐是一种表达人类情感的特殊语言，它凭着曲调、旋律、节奏和响度，触及人们的心灵，引起人们情感和认识上的认同感。胎教音乐，一类是准妈妈欣赏的音乐，以宁静为原则，既使人感动，又使人产生美妙的想象，通过准妈妈的神经、体液将美的感受传递给宝宝；另一类是宝宝听的音乐，以轻松明快为原则，以此来激发宝宝对声波的良好反应。对准妈妈来说，音乐能滋养情绪、抚慰心理和提升心境；对宝宝来说，音乐具有引发刺激的作用，可诱发胎宝宝大脑与学习记忆有关的“突触电位”升高，从而促进大脑特殊物质的合成，达到智力发展的作用。

在怀孕 4 个月时，宝宝耳的功能开始建立和发展，脑的结构也日益完善，各种感觉逐渐发挥作用，宝宝对声音的感觉相当敏感，听觉能力明显提高，已能听到外界的声音了。这时可利用宝宝听觉的重要作用，给予良好的声音刺激，促进宝宝听力发展。此时准妈妈和宝宝听的胎教音乐内容可以丰富一些，种类可以多一些。胎教音乐的节奏宜平缓流畅，乐曲的情调应温柔甜美。爸爸的低音歌声、大提琴独奏曲或低音乐曲之类，宝宝最容易接受。另外，准妈妈亲自哼唱歌曲也会得到十分满意的效果。准妈妈每天可以哼唱几首自己喜爱的抒情歌曲，或优美而又富有节奏的小调、摇篮曲等，如约塞兰的《摇篮曲》、舒伯特的《摇篮曲》等。

胎儿对声音的反应

4 个月大的胎儿开始会倾听各种声音

胎儿生长至 6 周左右，耳朵已逐渐形成。先是半规管，其次是外耳、中耳及内耳等重要部分。到了第 4 个月，胎儿的脑就会形成，此时的胎儿会把声音当做一种感觉。进入第 5 个月，会完成内耳部分的蜗管，它具有传达声音的作用，此时胎儿耳朵的构造已和成人相差无几了。

妈妈的呵斥声对胎儿有害

胎儿的听觉是透过妈妈腹壁的脂肪、子宫的羊水，才接收到的。所以，高音传至胎儿大脑时会变得低而小，这与潜水时外界的声音会变低变小的情形相类似，专家称这种现象为“高域减衰”。虽然胎儿不知道语言的含义，却能依妈妈声音的强弱，敏锐地去感觉。而且胎儿生长至5个月，就会开始记忆妈妈的声音，因此为了胎儿，妈妈应时常耐心、温柔地对着胎儿说话。

5 个月大的胎儿会记忆妈妈的声音

胎儿喜欢和妈妈语言相同的声音。因为胎儿生长至 4 个月左右时，会在脑中记忆声音。随着不断的成长，胎儿逐渐能记忆各类声音。到第 5 个月，就能记忆一些经常听到的妈妈声音。这声音也会经由准妈妈的骨、皮肤或身体变成一种振动，传达给胎儿。另外，也鼓励准爸爸多跟胎宝

宝说话，以增进彼此间的亲情。像这种妊娠中的声音“制造记忆”，对今后的教育一定很有帮助。

胎儿喜欢鸟鸣声或风吹动的“自然音”

胎儿对妈妈温柔的话语及妈妈心脏的跳动，也会觉得安心、舒服。但胎儿并非每天都可听到如此美好的声音，而且他也无法随自己的喜好去选择声音。例如，汽车噪声、电视机杂音、人声或音乐等，胎儿都毫无选择地全部接收，其中有有利于胎儿的舒服声音，也有不利于胎儿的嘈杂声音。

若胎儿听到他不喜欢的声音则会情绪不安

不好的声音对胎儿的成长有相当不好的影响。

胎教效果取决于音乐的种类

不同种类的音乐，胎教效果也不同。准妈妈应当了解一些音乐基本知识，对胎教音乐最好能有一个大体的认识，以免选错音乐对宝宝造成伤害，下面我们将一些音乐简单分类．以便准妈妈们方便选择。

· 轻松活泼的音乐如二胡曲《二泉映月》、古筝曲《渔舟唱晚》、德国浪漫派作曲家门德尔松的《仲夏夜之梦》等。这类作品具有轻盈灵动的旋律、安详舒缓的情绪以及优美柔和的情调，能将准妈妈带入甜美的梦境中。

· 柔和平缓的音乐如民族管弦乐曲《春江花月夜》、琴曲《平沙落雁》等，这类作品旋律优美细致，音乐柔和平缓，带有诗情画意，能抚平准妈妈烦躁的情绪。

· 舒筋活血的音乐如民乐《江南好》、《春风得意》等。这类作品甜美轻快、轻松灵秀，能驱散准妈妈郁闷的情绪。

· 解除忧郁的音乐如民乐《喜洋洋》和《春天来了》、奥地利作曲家约翰·施特劳斯的圆舞曲《春之声》等，这类作品曲调优美酣畅、起伏跳跃，旋律轻盈优雅，使人联想到翩翩而至的春天，能激发准妈妈喜悦和振奋的情绪。

· 消除疲劳的音乐如《假日的海滩》、《锦上添花》、《矫健的步伐》、《水上音乐》

等，这类作品节奏轻快、清丽柔美、抒情明朗，能让准妈妈解除疲乏、松弛身心。

· 振奋精神的音乐如民乐《娱乐升平》、《步步高》、《狂欢》、《金蛇狂舞》等，这类作品曲调激昂，旋律变化较快，能让准妈妈振奋精神，引人向上。

· 促进食欲的音乐如民乐《花好月圆》、《欢乐舞曲》等，这类作品愉快欢乐，能消除准妈妈情绪上的抑郁，增进食欲。

· 提高智力的音乐如海顿的《D 大调弦乐四重奏》、贝多芬的《E 小调弦乐四重奏》（即《拉索莫夫斯基》）和《降 B 大调钢琴三重奏》、舒伯特的《降 B 大调第五交响曲》和《A 大调钢琴五重奏》，这类作品旋律优美，能将准妈妈带到一种联想和思索的世界中。

在音乐中长大的胎宝宝

从第 5 个月开始，准妈妈的心情会感到非常轻松，幸福感来袭。此时千万不要忘记对胎宝宝的教育。这个时期是胎宝宝教育的重要时期，胎宝宝大脑发育得相当快，对声音的感觉已经形成了，在这个时期可以进行音乐胎教以促进胎宝宝的听力发育，提高脑细胞数目，从而使胎宝宝的智力得到进一步的发展。

有人曾做过这样的实验，定期给一个 7 个月的胎儿播放音乐，发现胎宝宝心率稳定，胎动变得舒缓而有规律。等到孩子出生后，再听到这段音乐时，小宝宝的神情安详，四处张望，对熟悉的乐曲表现出极大的兴趣。经过一段时间的追踪，发现这个婴儿耳聪目明，性格良好，动作发育也明显早于同龄婴儿。由此可见，对胎儿进行音乐教育确实可以起到开发智力、增进健康的作用。音乐虽然好听，但并不是任何音乐都适合

胎宝宝。据听力学家米歇尔·克莱门斯研究发现，胎儿喜欢听莫扎特的乐曲。这些乐曲给人以轻松愉快的感觉，胎儿听后可以将烦躁的情绪安定下来，心跳也变得平稳。因此，对胎宝宝实施音乐教育必须是有选择的。

准爸爸选好胎教音乐

改变不良情绪的音乐曲目

催眠类音乐，如二胡曲《二泉映月》、古筝曲《渔舟唱晚》、德国浪漫派作曲家门德尔松的《仲夏夜之梦》等。这类作品具有轻盈灵巧的旋律、美妙舒缓的情绪以及安详柔和的情调，能将准妈妈带入甜美梦境中。

舒心类音乐

如民乐《江南好》、《春风得意》等。这类作品甜美轻快、轻松灵秀，能驱散准妈妈郁闷的情绪。

解除忧郁类音乐

如民乐《喜洋洋》、《春天来了》、奥地利作曲家约翰·施特劳斯的圆舞曲《春之声》等。这类作品曲调优美酣畅、起伏跳跃，旋律轻盈优雅，使人联想到翩翩而至的春天，能激发准妈妈喜悦和振奋的情绪。

消除疲劳类音乐

如《假日的海滩》、《锦上添花》、《矫健的步伐》、英籍德国作曲家亨德尔的乐曲《水上音乐》等。这类作品清丽柔美、抒情明朗，能让准妈妈解除疲乏，松弛身心。

振奋精神类音乐

如民乐《娱乐升平》、《步步高》、《狂欢》等。这类作品曲调激昂，旋律变化较快，能让准妈妈振奋精神，引人向上。

促进食欲类音乐

如民乐《花好月圆》、《欢乐舞曲》等。这类作品愉快欢乐，能消除抑郁情绪。

提高智力类音乐

如海顿的《D 大调弦乐四重奏》（即《云雀》）、贝多芬的《E 小调弦乐四重奏》（即《拉索莫夫斯基》）和《降 B 大调钢琴三重奏》（即《大公》）。这类作品旋律优美，富有主题，能将准妈妈带到一个联想和思索的世界中。

胎宝宝听音乐促进早期神经细胞生长

胎教准备

胎宝宝听觉器官发育到 6～6.5 个月时，其外耳、中耳和内耳的结构基本上已发育完成。许多准妈妈都反映，外界突发的声响会引起胎宝宝突然动起来。近年来，超声波扫描也显示，外界的声波尤其是突发的声响，会引起胎宝宝心率加快及胎动增强。因此，胎宝宝在这个阶段的大脑发育过程中，特别需要音乐这种良性的信号刺激，以促进神经细胞的增长。这一阶段的音乐胎教可采用让胎宝宝自己“听”音乐的方法。

胎教实施

让胎宝宝直接“欣赏”音乐的具体做法是：准妈妈应取舒适的位置，身体应放松，精神要集中。将录音机放在距离腹壁 2～5 厘米处播放胎教音乐，同时不断调换方向，将声音通过准妈妈腹部传给胎宝宝。每天定时播放几次，要循序渐进。刚开始时，时间可以短一些，以后逐渐增加，但不宜过长，以 5～10 分钟为宜。音量要适中，不可过大也不宜过小。

古典音乐更适合作为胎教音乐

孕期胎教音乐应该更加多元化一些。因为，不同的旋律、不同的节奏会带给胎儿的不一样的感受和影响。我国古典音乐更适合孩子是因为，中国民乐的曲子都是五声调式的，旋律感比较强。中国的孩子比较容易对自己的民乐产生亲切感，这显然是由人的遗传因素造成的。基因里记录下来了父辈和祖辈的记忆，因此孩子在听琵琶曲、古筝曲时，比听交响乐更容易兴奋起来。

(1) 中国民族音乐

每个民族都有自己的语言文化和音乐风格，比如以色列摇篮曲就是进行曲式的，非常亢奋和激动，这能帮助以色列宝宝入睡。俄罗斯的音乐比较深沉，有厚重感和淡淡的忧伤。

我国古典乐更适合孩子是因为，中国民乐的曲子都是五声调式的，旋律感比较强。中国的孩子比较容易对自己的民乐产生亲切感，这显然是由人的遗传因素造成的。基因里记录下来了父辈和祖辈的记忆，因此孩子在听琵琶曲、古筝曲时，比听交响乐更容易兴奋起来。

(2) 适合互动的，游戏类的音乐。

儿歌来讲，传统儿歌、童谣或者一些原创小歌曲都属于这类。比如问好歌、五指游戏音乐、亲子对唱歌等。简单、重复又可以配合身体游戏的音乐，让孩子最大限度地参与其中。

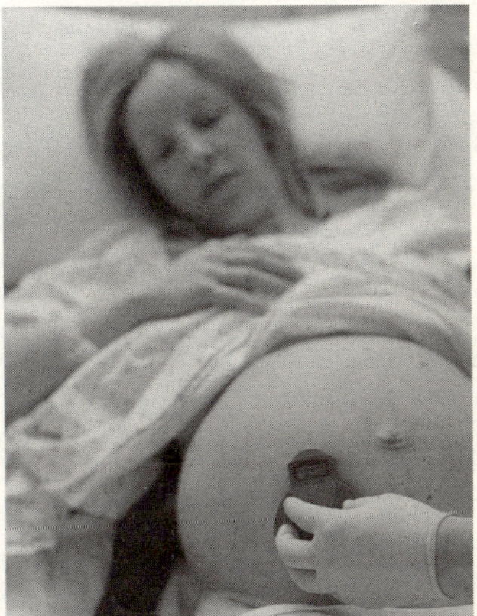

(3) 经典音乐，也就是欧洲古典音乐。

若是想提升孩子的艺术天赋，是一个不错的选择。古典音乐能让孩子安静，并具备一定的音乐思维。所谓的音乐思维，也就是从音乐中体会到一些人类恒定的东西。比如音乐中的规律，均匀的节奏和段落，精彩的开头、高潮和结尾。

莫扎特胎教音乐

莫扎特音乐对于宝宝的智力全面发展确实存在一种特殊的促进作用。科学家们称之为“莫扎特效应”。而聆听经专业人士制定编排过的古典音乐神童莫扎特的作品，更加能够在实际意义上提升宝宝的智力潜能。通过莫扎特音乐丰富的旋律变化以及明快的节奏组合，使宝宝的大脑各皮层活力增强，思维更加敏捷。

“莫扎特效应”可以说是当今西方报纸文献和广播媒体反复使用的一个术语，因为它涉及父母教养、学校教育和音乐教学的方方面面。有些心理学家认为，这一术语改变了音乐教师传统的音乐教育思想，使他们更加关注儿童身心发展的广泛领域。

所谓“莫扎特效应”是指莫扎特的音乐可以作为胎教音乐，可以提高孩子智商，这是上个世纪九十年代初美国科学家的研究结论。这个结论称，当你听一首莫扎特的曲子之后，你的大脑活力将会增强，思维更敏捷，运动更有效，它甚至可缓解癫痫等神经障碍病人的病情。

其实这样笼统的论断是会误导人的。因为莫扎特的创作主题丰富、风格多样，他的音乐也有很多表现激越强烈的感情，或忧伤或狂热或悲壮，这样风格的音乐就算是天才之作也不适宜选作胎教音乐的。其实，只要是母亲喜欢的乐曲，古典音乐也好，爵士音乐也罢，对母子都会有好处。

胎教音乐精选100首

1.《归来的马》柔和带着点倦倦的味道

2.《卡布里的月光》首沉静的轻音乐

3.《天使宝宝》最适合宝宝的胎教音乐

4.《我的歌为你而唱》给你春天的听觉动感

5.《滴水甘露》洒落在你那尘封的心头

6.《幻想曲》优美的旋律

7.《爱的致意》纯净之音

8.《童真》清脆的童谣

9.《来自天上的祝福》简单流畅的旋律

10.《妈妈的怀抱里》感受美妙音乐

11.《Daddy Loves Me》爹地爱我

12.《鳟鱼》风格非常轻快

13.《宝宝的悄悄话》用音乐来探索世界

14.《给宝宝的竖琴歌》淡淡的花香

15.《风的呢喃》空旷与宁静

16.《旋律的回响》激发宝宝的想象力

17.《加雅涅摇篮曲》美好的未来

18.《亲眼目睹的奇事》美丽的韵脚

19.《巴居多的白沙》好听的轻音乐

20.《罗兰》钢琴淡淡扬起

21.《早晨空气》催眠音乐

22.《追梦人》轻松欢快

23.《勃拉姆斯《摇篮曲》乖乖在这里睡

24.《金与银圆舞曲》起伏流畅、温和优雅的旋律

25.《依卡路斯的羽翼》自然之声

26.《奉献》爱都奉献给孩子

27.《宁静的一天》清新典雅

28.《妈咪的爱》最伟大、最无私的爱

29.《葵花朵朵》宝宝的笑容永远像花

30.《母爱》充满母性的歌声

31.《永远的贝比》可爱的孩子

32.《水蓝》水蓝莹影的天

33.《森林中的一天》触摸灵魂的天籁之声

34.《今夜爱来临》梦里有妈妈的爱

35.《蹒跚学步》诠释了妈妈对宝宝的爱

36.《山涧》似梦非梦的微风声

37.《孩子睡着了》宝宝在梦里一定笑得很甜

38.《音乐问答》缓宝宝身心的乐曲

39.《第一次听见海》让人如沐春风

40.《无限的祝福》博大精深的母爱

41.《我的玩具》清扬的铃音

42.《音乐盛宴》伴随着翩翩起舞

43.《森林沉睡精灵》开启智力及学习的潜能

44.《十分爱》简单的曲调

45.《水元素》倾听水的声音

46.《让世界充满爱》优美的旋律

47.《流转起舞》爱尔兰式的鼓声

48.《我的爹地》充满幸福与满足

49.《爱尔兰的星空》满天都是钻石镶满

50.《宝宝的发音练习》

51.《听海》美妙的乐曲

52.《月光奏鸣曲》（贝多芬）

53.《玩具会唱歌》激发宝宝的想象力

54.《安全的港湾》轻快的节奏律动

55.《真爱》清淡和谐像妈妈的爱

56.《莫扎特弦乐小夜曲》让您的宝宝受益终身

57.《亲亲小宝宝》母爱深深

58.《微风吹拂的方式》起风了

59.《宝宝的歌》伴随宝宝茁壮成长

60.《归来》是那样轻快美妙

61.《宝宝的蓝调》启发宝宝潜能

62.《森林鸟儿》透明纯净的音符

63.《晴天》梦幻晴天

64.《美丽夏夜》好甜美的梦

65.《你眼中的奇迹》你是我一生最大的奇迹

66.《林眠》多么美妙的夜晚

67.《春野》一股清流席卷而来

68.《海的思绪》博大如世间的母爱

69.《FANTASIA》春天要来的感觉

70.《平安一生》好人一生平安

71.《初雪》好听、悠扬而美丽

72.《午夜的月光》献给天使宝宝们

73.《白雪公主》晶莹、清脆旋律

74.《Tim' s lullaby 》摇篮曲

75.《大自然的母亲》温柔得像躺在母亲怀里

76.《天竺旅路》轻轻的驼铃声

77.《希望之翼》像夏季降下的晨雾

78.《天上星星下凡来》像妈妈的爱

79.《五木摇篮曲》樱花浪漫的东京

80.《思念》简约铺陈的弦乐

81.《印第安夏雨》一阵弦乐的滂沱

82.《生之喜》令人充满希望

83.《亲爱的妈咪》纯净的音符

84.《甜梦》美妙的音乐

85.《星星的种子》最原始的热情与期盼

86.《天籁般的声音》美好的让人向往的好声

87.《莫扎特胎教曲》优美的音乐

88.《满天星》一尘不染的音乐世界

89.《山溪》一股清流席卷而来

90.《温柔之夜》天真活泼的风味

91.《天使的声音》轻松、活泼、喜悦的旋律

92.《给我特别的妈咪》快乐嬉游曲

93.《月光飞舞》轻轻落入凡间的精灵

94.《月光》一个美丽的梦

95.《贝多芬快乐颂》聪明宝宝

96.《我的小宝宝》明朗的节奏

97.《飞走吧》比鲜花更芳香

98.《Lullaby 摇篮曲》妈妈守在你身边

99.《献给爱丽斯（贝多芬）》钢琴曲

100.《慈悲的眼眸》温柔就好像妈妈的温柔

分时段胎教音乐推荐

早晨起床后的胎教音乐

→ 柴可夫斯基的《睡美人》中的《波兰舞曲》、《如歌的行板》、《小进行曲》

→ 莫扎特的圣乐曲《春的序曲》

→ 舒伯特的《音乐瞬间》的第三首

→ 贝多芬的第六号交响曲《田园》

→ 小约翰 . 施特劳斯的《蓝色多瑙河》

→ 格里格《培尔· 金特》中的《早晨》、《索尔维格之歌》、《阿拉伯舞曲》《安妮特拉之舞》

休闲时候的胎教音乐

→ 柴可夫斯基的芭蕾舞曲《天鹅湖》

→ 维瓦尔第的《金翅雀协奏曲》

→ 克莱斯勒的《伦敦德里小调》、《天使小夜曲》、《罗曼史》、《爱的悲伤》、《十四行诗》、《幻想曲》

→ 莫扎特的《小夜曲》

→ 托斯蒂的《小夜曲》

→ 古诺的《小夜曲》

→ 威尔第的《弄臣》中的《女人善变》、《美女如云》

→ 海顿的《小夜曲》

→ 史特拉汶斯基的《普钦奈拉》中的《小夜曲》

→ 亨利 · 曼西尼的电影《蒂凡尼的早餐》中的插曲《月亮河》

→ 贝多芬的《悲怆奏鸣曲》第二乐章《如歌的行板》

胎动明显时的胎教音乐

→ 德沃夏克的《诙谐曲》:

→ 勃拉姆斯的《第五号匈牙利舞曲》、《圆舞曲(作品 39 之 1、5)》

→ 肖邦的《第七号圆舞曲》

→ 约翰 · 施特劳斯的《春之声圆舞曲》

→ 贝多芬的第一交响曲中的《小步舞曲》

→ 莫扎特的《小步舞曲》

→ 阿尔贝尼斯的《探戈》

用餐时，最安全有效的胎教音乐

→ 柴可夫斯基的《胡桃夹子》中的《花的圆舞曲》

→ 亨德尔的《弥赛亚》中的《哈里路亚》

→ 巴赫的《d 小调管风琴托卡他与赋格曲》、《法国组曲》的第六首《波兰舞曲》、《管弦乐组曲》

→ 德沃夏克的《斯拉夫舞曲（作品 c 小调 46 之 1、2)》

→ 肖邦的《军队波兰舞曲》、《离别曲》、《雨点前奏曲》、《即兴幻想曲》

→ 莫扎特的《一首小夜曲》中的第四乐章回旋曲

可以安然入睡的胎教音乐

→ 舒伯特的《摇篮曲》、《圣母颂》、《野玫瑰》

→ 勃拉姆斯的《摇篮曲》

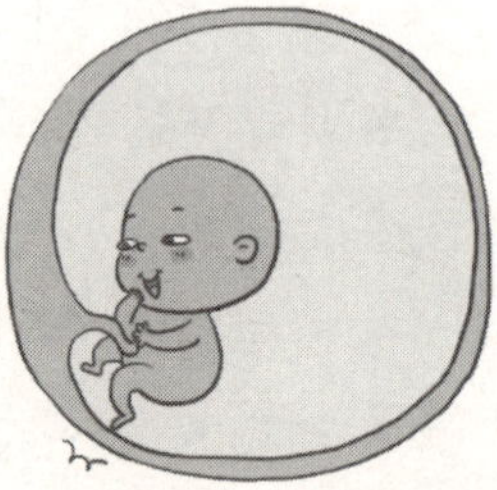

→ 贝多芬的《致爱丽丝》、《月光奏鸣曲》

→ 戈达尔的《约瑟兰的摇篮曲》

→ 克莱斯勒的《摇篮曲》

→ 德彪西的《月光》

→ 夏农的《爱尔兰摇篮曲》

→ 格什温的《夏日时光》

Part7

斯瑟蒂克早教

0～6个月

告诉你最行之有效的早教方法

0～1个月：给宝宝的第一堂训练课

新生宝宝也会有情绪

新生儿的父母从宝宝出生，就会发现宝宝的一些特点。比如，饥饿的时候吃奶迫不及待，妈妈稍稍慢一点，宝宝就会急哭，或者发出叫声。宝宝睡醒以后自己玩了会儿，如果没有人出现，他就发出“咿咿呀呀”的叫声，好像在招呼人，又像在发脾气。随着婴儿日渐长大，他的表现也逐步发展：当妈妈让宝宝坐在膝上，宝宝不愿意，他就把身子扭来扭去，还要把肚子挺起来，嘴里“嗯、嗯”叫。宝宝的这些行为已经显露出婴儿早期的情绪。

尽管新生儿的父母不一定知道婴儿有什么情绪，但让每一个父母说出婴儿什么时候高兴、什么时候不高兴还是比较容易的，但是他们很难具体地了解婴儿情绪的状态。对婴儿情绪性质和情绪发展的已有研究，看法很不一致。有人认为，婴儿出生时具有三种情绪，即爱、怒、怕。有人认为，婴儿只有一种情绪，即兴奋，以后逐渐分化成更为广泛的各种情绪。最初，婴儿的情绪比较简单，以后在家人的照料和关心下，婴儿情绪中社会性成分越来越多。

宝宝与妈妈的对视是交流的开始

宝宝一出生，就表现出与外界交流的天赋。新生儿与妈妈对视就是彼此交流的开始。这种交流，对宝宝行为能力的健康发展具有重大而深远的意义。宝宝虽然不会说话，但可以通过运动与爸爸妈妈进行交流。

当妈妈和新生儿柔声说话时，宝宝会做出不同的面部表情和躯体动作，就像表演舞蹈一样，扬眉、伸脚、举臂，表情愉悦，动作优美、欢快；当妈妈停止说话时，宝宝就会停止运动，两眼凝视着妈妈；当再次说话时，宝宝又会变得活跃起来，动作随之增多。

宝宝用躯体语言和爸爸妈妈说话，对其大脑发育和心理发育有很大的帮助。当宝宝哭闹时，爸爸妈妈把他抱在怀里，用亲切的语言和宝宝说话，用疼爱的眼神和他对视，宝宝就会安静下来。

让宝宝和你形成依恋关系

新生儿在出生后最初几天几乎都处于睡眠状态，因此，应该在他醒来的时候陪伴着他。有关研究结果表明：你和婴儿的身体接触，你的声音和身体的气味，在他来到世间头几天里是十分重要的。在这段时间里如果婴儿和你形成一种依恋关系，并且得到积极鼓励的话，那么这种关系就是牢不可破的。

父母轻轻抚摸宝宝的小手，传递爱意的同时还能让宝宝感受到皮肤的触觉，有利于他的抓握反射，提高宝宝的灵敏度。新生婴儿觉得与他母亲身体的紧密接触是十分安全的，因为母体柔软而温暖，气味熟悉。当婴儿把头靠向妈妈的身体时，他会听到他过去 9 个月在子宫里曾经听到的熟悉的心跳声。在这种环境里，婴儿觉得安全又舒服。对婴儿来说，在妈妈的身体上轻轻摇动比完全静止地躺在小床垫上要自然得多，它能唤起宝宝在子宫内柔软而舒服成长的回忆。

不要过分限制宝宝的运动

宝宝出生以后，在新生儿期也表现出较强的运动能力，这主要是受到来自身体内生物钟的支配。

过去人们习惯把新生儿，甚至两三个月的婴儿的胳膊、腿和身体裹得紧紧的，认为这样宝宝的腿将来才不会“罗圈”。这样做虽然宝宝会很安静，避免了宝宝的肢体抖动和身体颤动，但会限制宝宝运动能力的正常发育，是不可取的。应让宝宝有足够的活动空间，使宝宝的呼吸功能得到促进，情绪更加活跃，运动能力更快发展。

和宝宝肌肤相亲

交流是真情的自然流露，对父母和宝宝都是一种心理的需要。宝宝出生后随着大脑的迅速发育以及与外界的广泛接触，不仅身体在长大，精神活动也开始萌芽。宝宝的行为和感情的发育发展需要父母共同来关怀和诱导，所以父母要学会用心养育自己的宝宝，用爱心和耐心与宝宝进行情感交流。面对幼小的婴儿，父母应该经常拥抱他、抚摸他，尽量使婴儿的肌肤和父母贴得近些，也可以有意抚摸婴儿的四肢。最重要的是，当父母在进行这些活动时，应当把自己的爱的情感投入其中，与宝宝的目光对视，给他讲悄悄话，让婴儿感受到父母的关爱，感受愉快的情绪。

对宝宝进行感觉训练

味觉、嗅觉和触觉是宝宝感知觉体系中必不可少的组成部分，是宝宝认识外界事物、探索世界奥秘的重要途径。因此，父母要重视发展宝宝的感觉功能。

【味觉训练】

父母可以用筷子蘸点有味道的汤汁给宝宝尝尝，这样，他的味觉就会逐渐丰富而灵敏，将来食欲强，不挑食，不偏食，还能积累许多有益的味觉体会经验，对促进宝宝认知的发展也是极有好处的。

【嗅觉训练】

新生儿期，宝宝能对各种气味做出不同的反应。比如，让宝宝嗅到刺激难闻的气味，他会做打喷嚏、皱眉、摆头等动作；当宝宝闻到妈妈身上的奶味时，会做出舔嘴的动作，脸上呈现出愉快的表情。自然界和生活中的气味是很丰富的，可以让宝宝多闻一闻各种各样的、无害的气味，以促进其嗅觉的发展。

【触觉训练】

新生宝宝的触觉器官最大，全身皮肤都有灵敏的触觉能力，有舒适、冷热、疼痛等各种感觉；最喜欢母亲的怀抱，也喜欢接触质地柔软的物品。父母应用各种方法刺激宝宝的触觉，以促进宝宝心智的发育。

喂奶时可以将奶头在宝宝口边晃动，让他主动寻找奶水，以锻炼宝宝主动探求事物的能力。喂完奶或醒来时，父母要经常抚摸宝宝的头、四肢及身体其他部位。让宝宝的手握住大人的食指，大人用手指勾拉宝宝的手掌，以训练宝宝的抓握能力。经常按摩宝宝的手指、手掌和手背，用力勾拉宝宝的手指，让宝宝的手掌充分活动。

1～2个月：循序渐进，耐心训练

了解宝宝活动能力的发展

第2个月的宝宝不会用语言来表达自己的情感和欲望，他们单纯和朦胧的心理，主要是通过本能的动作表现出来的，所以对于幼小的宝宝来讲，运动能力的训练和培养是最基本的，为其他方面的发展打下基础。

2个月的婴儿动作是全身性的，如当妈妈爸爸走近宝宝时，宝宝的反应是：全身活动，手足不停地挥舞，面肌也不时地抖动，嘴一张一合的，这就是泛化反应。随着月龄的增大，逐渐发展到分化反应。从全身的乱动逐渐到局部有目的、有意义的活动，婴儿动作的发展是从上到下的，即从头到脚发展。

给宝宝的体能发展创造机会

良好的体能发展不仅要有充足的营养作保障，而且还要为宝宝创造运动的机会。过了满月之后，宝宝的手脚动作逐渐多了起来，这时就应使宝宝的手脚能够随时自由活动。比如，如果总让宝宝躺着而不给他俯卧的机会，宝宝就很难尽早学会抬头和翻身，所以在日常护理中要尽可能地改变宝宝的姿势，为宝宝提供身体每一部分的运动机会。为此，在第二个月，要做到以下几点：

1. 逐步建立起吃、玩、睡的规律生活。2. 让宝宝每天俯卧片刻。3. 悬吊鲜艳、能动的玩具，给宝宝看、触摸、抓握。4. 给宝宝做婴儿操，帮助增加宝宝的腹肌收缩力。

训练宝宝的抓握能力

手的动作是小肌肉群的活动。2个月的宝宝能拿住放在他手里的东西，3个月时，当手触到玩具时，偶尔能抓住。此时，爸爸妈妈可用带响声、色彩鲜艳的玩具，如摇铃、响圈儿等，训练宝宝的抓握动作。开始可将玩具放在宝宝手中让他握住，逐步地再用玩具的声音和色彩逗引他注意，同时触碰他的手，吸引他主动抓握。每天可做多次练习，通过手的动作来发展宝宝最初的感知、认识事物的能力。记住，让宝宝的手做抓握练习时，摇晃的幅度不要大，以免引起意外。

手指活动促进宝宝大脑发育

宝宝满月以后，清醒的时间长了，四肢的活动，特别是手的活动也明显多了起来。有时会凝视自己紧紧握着的手，当注意到其他东西时，又会把手指松开。宝宝的手指不但能自己展开合拢，而且还能把手拿到胸前来玩或者吸吮手指。所以这个时期的衣服袖子要做得短一些，以免妨碍宝宝手部的活动。手部的活动是下一步练习抓东西的基础，等到宝宝的手能自由张开和握住的时候，就可以给他一些容易抓握的玩具玩了。手指的充分活动与大脑发育有关，通过手握东西的锻炼，可以促进宝宝手和眼的协调能力。

训练宝宝的颈部支撑力

宝宝被爸爸妈妈抱起来后，因为要看周围的东西，就必须努力支起脑袋和脖子，同时上身也总想挺直，这就使宝宝背部、胸部和腹部的肌肉得到了锻炼。因此，在宝宝长到两个月的时候，爸爸或妈妈每天应累计抱宝宝 2 小时左右，抱的姿势最好是竖着抱。

竖抱时，可用两只手分别托住宝宝的背部和小屁股，把宝宝竖抱起来，让宝宝看看室内或室外的事物。这种锻炼不仅可以帮助宝宝练习抬头的动作和颈部的支撑力，而且可以引起宝宝对各种事物的关注和兴趣。由于这个月的宝宝骨骼发育还比较差，因此竖抱持续的时间不宜过长。每次锻炼完后要让宝宝仰卧在床上休息片刻，还要用手轻轻抚摸宝宝的背部，放松宝宝背部的肌肉。经过这样的锻炼，到两个月末的时候，发育较好的宝宝还可以自己支撑一会儿。

让宝宝享受日光浴

阳光中有两种光线，一种是红外线，照射人体后，能使血管扩张，增强新陈代谢，使全身得到温暖；另外一种是紫外线，照射到人体皮肤上，可使皮肤中的脱氢胆固醇转变为维生素D，而维生素D能帮助人体吸收食物中的钙和磷，以预防佝偻病，尤其冬天出生的宝宝及人工喂养、双胎或多胎的宝宝更应多进行日光浴。进行日光浴时，时间应由短到长，刚开始每日3～5分钟，以后可逐步延长至1～2小时。冬季天气晴朗的时候可露出宝宝的头部、臀部、手部等的皮肤。春秋两季要注意防风沙。夏季注意不能让宝宝皮肤直接在日光下暴晒，这样会损伤皮肤，可以利用树荫使宝宝间接地接受日晒。

带宝宝进行“空气浴”

空气浴可以让宝宝呼吸到新鲜空气，新鲜空气中氧含量高，能促进宝宝新陈代谢。同时室外空气温度比室内低，宝宝到户外受到冷空气刺激，可使皮肤和呼吸道黏膜不断受到锻炼，从而增强对外界环境的适应能力和对疾病的抵抗能力。进行室外空气浴，应根据不同季节决定宝宝到户外的时间。夏季最好选择早晚到户外去，冬季可选择中午外界气温较高的时候到户外去，出去的时候衣服不要穿得太多，包裹不要太严。刚开始要选择室内外温差较小的好天气，每日1～2次，每次3～5分钟。

经常与宝宝进行语言“交流”

宝宝过了满月之后，高兴时会发出咿咿呀呀的声音，虽然这还不能算是说话，却是迈向说话的第一步。这时，妈妈或爸爸就应因势利导，多和宝宝说话。虽然宝宝不懂每一个字的确切含义，更不能对此做出正确的回应，但宝宝在听到你的声音时，就会安静下来，专注地看着你嘴唇的动作，有时还会兴奋地扭动身体。这种有意识的语言“交流”，不仅能加强宝宝与爸爸妈妈之间亲密的感情联系，而且可以满足宝宝与他人交往，甚至身体接触的需求，为宝宝发展语言能力及社会交往行为奠定基础。在和宝宝进行语言“交流”时，要面对面说话，发音口形要准确，声音要轻柔而清晰。

2～3个月：让宝宝动起来

进一步训练宝宝的握力

在训练宝宝的握力之前，可以多给宝宝触摸一些有质感的玩具或物体，如光滑的塑料玩具、软而易挤压的玩具、拿在手里会变形的玩具或表面凹凸不平的玩具等。让宝宝的手尽可能多地增加一些触觉的感受，这将有利于下一步的握力训练。

【抓手指法】

在训练宝宝的握力时，妈妈可以把自己的拇指或食指，放在宝宝的手心里让他自己抓握，等感觉到有握力后，再把手指从宝宝的手心向外拉，看宝宝是否还能去抓。

【抓悬挂物法】

在宝宝小床的上方，低低地悬挂一些色彩鲜艳的小软塑动物玩具或其他东西，先晃动悬挂物引发宝宝的注意，然后拉着宝宝的手帮他抓，慢慢地逗引宝宝自己伸手去抓。妈妈或爸爸也可以用手把拴绳的玩具有意塞到宝宝手里，然后趁宝宝没有抓牢的时候，突然把玩具提起来，以此来刺激宝宝的抓握能力，经过几次刺激之后，宝宝就会主动挥舞小手去抓了。

【抓球法】

这个训练方法不仅可以训练宝宝手的握力，而且还可以训练宝宝眼睛的追视力。训练的时候，先让宝宝趴着，然后把一个色彩鲜艳的球，从宝宝的手可以抓到的地方慢慢滚过。刚开始球从一侧滚到另一侧时，宝宝会专心地看，经过几次重复之后，宝宝很快就会伸手去抓那个球。

进行颈部支撑力和转头训练

经过一个月的竖抱训练之后，宝宝颈部的支撑力增长了很多，已经可以把头支撑较长时间了。这时，妈妈或爸爸可以手持色彩鲜艳的玩具，放在离宝宝眼睛 30 厘米左右的地方，慢慢地移到右边，再慢慢地移到左边，训练宝宝转头，最终目的是让宝宝完成转头 180°。这个方法不仅锻炼了宝宝颈部的支撑力，而且也锻炼了宝宝颈部转动的灵活性。

训练宝宝俯卧抬头

宝宝俯卧抬头的训练是建立在第2个月俯卧训练的基础上的。2个月时，宝宝可能会稍稍抬起头和前胸，但时间很短。到了第3个月时，宝宝的头和前胸已经抬得很稳，并且已能坚持几分钟，但仍然有个体差异。这种俯卧抬头的训练，不仅可以锻炼宝宝颈部和背部的肌肉力量，而且对增加宝宝的肺活量也很有帮助。

训练宝宝俯卧抬头，在宝宝睡醒之后，喂奶前1小时进行比较适宜。先让宝宝俯卧在床上，妈妈或爸爸拿着一些色彩鲜艳或有响声的玩具，在前面逗引宝宝，宝宝看到色彩鲜艳的玩具并听到响声，就会努力抬起头来。

宝宝的运动发育是连续性的，在宝宝能够俯卧抬头45°后，宝宝颈部肌肉的力量在增强，双臂的力量也在增强，慢慢就可以高高地将头抬起，逐渐达到与床面呈90°的程度。等宝宝的头部稳定并能自如地向两侧张望时，就可以把玩具从宝宝的眼前慢慢移动，先移到右边，再慢慢地移到左边，让宝宝的头随着移动的玩具转，这个方法能很好地锻炼宝宝俯卧抬头的持久力和颈部转动的灵活性。俯卧抬头训练时间，可以根据宝宝的能力安排，但每次俯卧的时间最多不要超过2～3分钟，每天练习2～3次。以后可根据宝宝的实际情况，逐步增加训练时间和次数。

训练宝宝翻身应循序渐进

宝宝的翻身训练是下一步学坐的基础。虽然3个月前的宝宝主要是仰卧着，但到了第3个月的时候，宝宝已经开始了一些全身肌肉的活动，或者可以采用侧卧的姿势睡觉了。此时训练翻身就会容易很多。训练宝宝翻身应该根据宝宝的实际情况循序渐进，你可以参考以下方法。

【转身法】

让宝宝仰卧，妈妈或爸爸可分别站在

宝宝两侧，用色彩鲜艳或有响声的玩具逗引宝宝，训练宝宝从仰卧翻至侧卧位。如果宝宝自己翻身还有困难，妈妈可用一只手撑着宝宝的肩膀，慢慢将宝宝的肩膀抬高帮宝宝做翻身的动作，但在宝宝的身体转到一半时，就让宝宝恢复平躺的姿势。这样交替地训练几次可以为练习真正的翻身做准备。

【摇晃法】

摇晃法就是让宝宝在保持身体平衡中锻炼背部和胸部肌肉的力量，为下一步的翻身训练做准备。让宝宝躺在摇床里或床垫上，然后妈妈或爸爸摇晃摇床或床垫。当宝宝被摇到半空身体倾斜时，为了保持身体平衡，自然会努力挺起胸，挺直腰，把身体往后仰。注意要慢慢加大摇动的角度，频率不要太快，随时注意宝宝的反应，如宝宝有惊恐的样子就立即停止。

【转脚法】

转脚法必须建立在宝宝会以侧卧姿势睡眠的基础上。训练时，先让宝宝侧卧。在宝宝的左侧和右侧放一个色彩鲜艳或有响声的玩具，爸爸或妈妈抓住宝宝的脚踝，让右脚或左脚横越过左脚或右脚，并碰触到床面。搬动宝宝脚的时候，动作一定要轻柔，并注意宝宝的身体是不是也跟着脚翻转。如果不跟着转，可以轻轻地在宝宝背后推一把。如果宝宝的身体跟着脚翻转，就会自己翻过去，变成趴着的姿势。只要宝宝在爸爸或妈妈的帮助下完成这个动作，就可以提前翻身了。转脚法的训练一般每天可以训练 2 ～ 3 次，每次训练 2 ～ 3 分钟。

创造宝宝与外界交往的机会

宝宝出生后要从生物的人变为社会的人，首先就要与他人交往，这种最初的交往会影响宝宝成人后的社会交往。宝宝交往的第一个对象是妈妈，这也是宝宝与人交往的根基。其次就应该是爸爸了。现在基本上都是独生子女，而且大都住的是楼房，别说是宝宝，就是成人与邻居的交往也不多。所以，爸爸或妈妈要从长远着想，尽量为宝宝创造与他人交往的机会，多让宝宝见见生人，或者让邻居抱一抱，让宝宝对更多的人微笑，愿意与更多的人交往。但应该注意的是，不要带宝宝到人多的公共场所，以免感染疾病。

3~4个月：让宝宝每天进步一点点

4个月宝宝的体能训练重点

到了第4个月，宝宝的体能有了进一步发展，训练的主要目标是手部、腰部及腹部。训练内容侧重于手部精细运动能力，在训练宝宝抓握能力、提高宝宝的手部肌肉紧张和放松能力的同时，还可利用玩具，协助宝宝独自完成够取、拍打和触摸等动作。同时，要增强大小肌肉运动能力训练，锻炼宝宝的脊柱及腰腹部的肌肉力量，比如采取给宝宝做翻身操等方式，帮助宝宝学习翻身的动作，为将来学坐做准备。

训练宝宝大小肌肉的运动能力

宝宝的大小肌肉训练主要包括四肢运动和头颈部运动。在训练时，除了继续坚持每日做婴儿体操外，还要重点做以下训练。

【蹬脚训练】

先用一个能够一碰就响的玩具触动宝宝的脚底，引起宝宝的注意和刺激脚部的感觉，当宝宝的脚碰到玩具时，玩具的响声将会引起宝宝的兴趣，宝宝就会主动蹬脚。这时，妈妈或爸爸配合宝宝移动玩具的位置，让宝宝每次蹬脚都能碰到玩具，每次成功后可以用亲吻或抱一抱的方式表示鼓励。

【俯卧支撑训练】

在巩固第2、第3个月时进行的俯卧抬头训练的基础上，当宝宝俯卧时头部能稳定地挺立达90°时，妈妈或爸爸站在距宝宝1米左右的地方，手拿摇铃或一捏就响的玩具逗引宝宝，训练宝宝用前臂和胳膊肘支撑起头部和上半身的体重，使宝宝的脸正视前方，胸部尽可能抬起，每日训练数次，每次数分钟。同时，还要用手抵住宝宝的足底，观察宝宝有没有向前爬动的意思，为将来练习爬行做准备。

训练宝宝的腰肌

从第4个月起，妈妈或爸爸可以每天和宝宝玩拉坐游戏，来训练宝宝的腰肌。

宝宝能够坐起来是很重要的，不仅有利于宝宝的脊柱开始形成第二个生理弯曲，即胸椎前突，对保持身体平衡也很重要，而且还可以接触到许多过去想够又够不到的东西，对感觉知觉的发育都有重要意义。

训练时，先让宝宝仰卧在平整的床上，妈妈或爸爸握住宝宝的双手手腕，也可用双手夹住宝宝的腋下，面对着宝宝，边拉坐，边逗笑，边对话，使宝宝在快乐的气氛中，慢慢从仰卧位拉到坐位，然后再慢慢让宝宝躺下。练习多次后，妈妈或爸爸只需稍微用力，宝宝就能借助妈妈或爸爸的力量，自己用力坐起来。然后，妈妈或爸爸逐渐减少帮助的力量，进而只有姿势而不出力，慢慢地，宝宝就会自己坐起来了。

开始进行拉坐训练时，时间一般控制在每次 5 分钟左右，然后逐渐延长至 15 ～ 20 分钟。宝宝刚学会坐时，常常会左右摇摆或身子前倾，但用不了多久，宝宝就能挺直腰部。进入第 6 个月后，大多数宝宝已能稳稳地独坐了。

教宝宝做拉坐被动操

训练宝宝拉坐的目的是活动颈部、腹部和腰部的肌肉，为了促进宝宝动作的灵活性，可以教宝宝做翻身被动操。具体方法是：先让宝宝仰卧在平整的床上，妈妈或爸爸双手握住宝宝的两臂拉向胸前，一边喊着口令“一、二，宝宝坐起来”，一边轻轻拉着宝宝坐起来；再一边喊着口令“三、四，宝宝躺下去”，一边把宝宝轻轻放至仰卧位。如果宝宝头部较软，也可一手托宝宝头部，一手握住宝宝双手。最后让宝宝的两臂放下还原即可。如此反复，每日数次。

适当增加户外锻炼的时间

从第 4 个月开始，爸爸妈妈可以适当增加宝宝户外锻炼的时间，每天可控制在 3 个小时左右。无论是用婴儿车，还是抱着宝宝散步，都应根据天气情况，不要让宝宝太热或着凉。夏季出去的时间应在上午 8 ～ 10 点，下午是在 4 ～ 5 点（可根据具体情况而定）。外出时不要让阳光直射到宝宝的眼睛，也不要让强光直射宝宝的皮肤，带宝宝到户外时应该戴上帽子。春季和秋季也应注意不要让太阳光长时间晒到宝宝的皮肤。在寒冷的季节，只要不刮大风，在充分保护好宝宝手脚和耳朵的前提下，选择较暖和的时间进行户外锻炼。

总之，户外活动时衣着不宜过多，有的妈妈或爸爸总担心宝宝受凉，每次外出时给宝宝穿上大衣，戴上帽子、口罩、围巾等，全身捂得严严实实。这样做的结果，会使宝宝的身体无法接触空气和阳光，如果宝宝变得弱不禁风，反而容易受凉生病，就达不到户外锻炼的目的了。

领悟宝宝的手指语言

宝宝虽然不会说话，但是会用手指来表达自己的要求，父母只要仔细观察，就能轻松地领悟宝宝的手指语言。

小手张开、手指向前伸展：宝宝带着愉快的心情醒来时小手通常是这样的动作，这是他在邀请身边的父母和自己一起玩。

手指放松地弯着：这时宝宝已经不再东张西望，他的手臂也松软地耷拉下来，说明宝宝已经累了，想睡觉了。

小手捏着松松的拳头：宝宝在睡眠中会有这种手势，说明他正在做梦，他的眼球轻轻地转动，有时还会发出轻轻的鼾声。梦中的宝宝睡得并不深，随时可能会醒来。

小手紧紧地握着拳头：宝宝紧张时通常会有这样的动作，这时或许宝宝害怕某个陌生环境或人，也可能是他的小肚子有些不舒服。

手臂放松、小手轻轻地握着：这时的宝宝正心满意足地享受着美妙的时光，他愿意独自待着，而不需要外来的干扰。

注意改善宝宝的情绪

随着月龄的增加，宝宝的情绪会逐渐复杂起来。其中，表现最突出的就是微笑。微笑既是宝宝身体处于舒适状态的生理反应，也表示了宝宝的一种心理需求。从这个月开始，宝宝对妈妈或爸爸情感的需要甚至超过了饮食。如果宝宝不是饿得厉害的话，妈妈的乳头已经不是灵丹妙药了。如果妈妈或爸爸对宝宝以哼唱歌曲等形式加以爱抚，宝宝或许会破涕为笑。所以，妈妈或爸爸应时刻从环境、衣被、生活习惯、玩具、音乐等方面加以调节，注意改善宝宝的情绪。

4～5个月：感知丰富多彩的世界

加强宝宝手脚肌肉的运动能力

尽管从第 4 个月就开始对宝宝进行肌肉运动能力的训练，到了 5 个月还应该继续，以使宝宝全身肌肉的运动能力逐渐加强。

【手部肌肉的训练】

妈妈可将宝宝抱成坐位，在宝宝面前放一些色彩鲜艳的玩具，告诉宝宝各种玩具的名称，引导宝宝自己伸手去抓握。开始训练时，玩具要放置在宝宝一伸手就可抓到的地方，如果宝宝已经能够比较容易地抓到后，再慢慢地移到稍远的地方。在此基础上还可以在宝宝左手或右手已经拿到一个玩具后，再向宝宝的同一只手递玩具，观察宝宝是将原来到手的玩具扔掉再拿另一个玩具，还是学会了将玩具传到另一只手上。然后试着将宝宝不喜欢的玩具递过去，让宝宝练习推开的动作，还可以将宝宝喜欢的玩具从他手中拿过来再扔到宝宝身边，让宝宝练习拣东西的动作。提供的玩具应从小到大，以锻炼宝宝手部肌肉的力量。

【脚部训练】

由于宝宝的下肢较短而且腿部柔软，所以一抬腿可到达脸部，有时甚至把大脚趾抱起来吸吮。这时妈妈可以让宝宝练习仰卧抬腿的动作，在宝宝脚部的上方放些玩具让他踢。妈妈也可以用两手扶着宝宝的腋下，让宝宝站在你的大腿上，使宝宝保持直立的姿势，引逗宝宝双腿跳动，每日反复练习几次。此外，还可以多做有利于下肢活动的婴儿体操。

训练宝宝手部的灵活度

在这个时候，爸爸妈妈不要忘了开发宝宝的精细运动能力，要想办法训练宝宝手部的灵活度。

【被动抓握】

通过被动抓握能力训练，可以锻炼宝宝的动手能力。具体方法为：父母将自己的食指塞入宝宝手中使其握住，并轻轻摇晃，保持片刻。准备一些抓握玩具，如摇铃、拨浪鼓等。使宝宝从抓、握开始，然后发展到摇、捏等精细动作。

【主动抓握】

让宝宝躺着或者靠着坐垫坐着，大人用橡皮筋或松紧带绑住一个宝宝感兴趣的玩具，让玩具正好落在宝宝头的上方（宝宝可以伸手抓到）。鼓励宝宝用手抓玩具，当宝宝抓住玩具时，大人轻轻拉动橡皮筋或松紧带并鼓励宝宝也用力拉。在宝宝试着拉几次以后，就把玩具交给宝宝，以资奖励。

需要注意的是，大人不能用力拉橡皮筋或松紧带，要随着宝宝的劲轻轻地拉，以免拉伤宝宝；另外，大人要把橡皮筋或松紧带抓牢固，不然的话，宝宝用力一拉，橡皮筋或松紧带就可能从大人的手中滑脱，这样会伤害宝宝。

【玩手脚】

让宝宝练习玩手、玩脚，能够提高婴儿手的动作灵活性，促使婴儿手脚运动协调，促进触觉、肌肉和关节的协调发展。宝宝仰卧在床上或摇篮里，大人帮助宝宝把两手握在一起，然后放手让宝宝自己玩自己的小手。大人还可以轻轻提起宝宝的一只脚，让宝宝用同一侧的手能抓住自己的脚，看宝宝如何表现，是否能把自己的脚放到嘴边。

让宝宝触摸他喜欢的东西

第 5 个月的宝宝不仅头已竖得很稳，而且视野也更加开阔，对周围的事物开始表示出浓厚的兴趣。根据宝宝的这个发育特性，妈妈或爸爸就可以对宝宝进行触摸感知能力的训练。训练前，细心的妈妈爸爸一定要注意观察宝宝平时最爱看什么，对什么东西最感兴趣，从中找出宝宝最喜欢的东西让宝宝触摸。在触摸感知训练时，宝宝可能会不厌其烦地重复某一动作，经常故意把手中的东西扔在地上，然后拣起来再扔，有时能反复好多次。对此，妈妈和爸爸不要担心，宝宝的这种反复动作是 5 个月宝宝的一个正常发育特点，他是在利用这种反反复复的动作显示自己对外界物体的控制能力。

进行视觉训练

对宝宝的视觉感知训练随时随地都可进行，在日常生活中，爸爸或妈妈要经常把宝宝所看到的物体，尽量用语言来强调指出，以便使宝宝把能够听到的、看到的与感觉到、认识到的东西联系起来。比如宝宝喜欢看灯，妈妈或爸爸就可把台灯拧亮又拧灭，逗引宝宝的视线落在台灯上，然后告诉宝宝说这叫“灯”，说“灯”字时口形要明显，发音要准确、清晰，使宝宝把声音和发亮的物件联系起来，以后妈妈或爸爸再说到灯时，宝宝就会自己抬头看灯了。

训练宝宝的视觉追踪能力

事先准备手电筒一个。晚上，在一个有窗帘的房间里，宝宝仰卧于床上或坐在母亲的腿上。把灯关上后，母亲用手电筒照射天花板，并用手指指向被手电筒照亮的地方，逗引宝宝观察。等宝宝发现亮光以后再移动手电筒，让宝宝的视线跟着光线移动，培养宝宝的视觉追踪能力。妈妈也可以照射宝宝感兴趣的玩具或物品，以引起宝宝的注意，让宝宝看玩具或物品，边看边与宝宝说话。如照到玩具熊时，妈妈就说：“这是宝宝的小熊吗？宝宝最喜欢了，是不是呀？”

锻炼宝宝视听统合能力

一般来说，在宝宝 5 个月大的时候，就应该进行视听统合的训练了，以培养其注意力。

在给宝宝喂完奶（饭）后，妈妈告诉宝宝说：“妈妈要给宝宝玩个新的游戏，妈妈和宝宝藏猫猫。”然后，妈妈走到宝宝视线以外的地方，最好是在宝宝的左边或右边。妈妈说：“宝宝，妈妈在这儿呢！”逗宝宝循声去找。当宝宝把头转向妈妈说话的方向时，妈妈又说：“看见妈妈了吗？”边说边向宝宝走去，宝宝一定会很高兴，妈妈把宝宝抱起来，并赞扬他是个聪明的孩子。做这种训练，父母可以变换不同的角度和方位，用能发出声响的玩具在孩子视线以外晃响，让孩子循着玩具发出的声音来寻找玩具。

这种视听统合能力的训练，是培养孩子注意力的最好方法。父母要抓住孩子心理发育的最好时机进行训练。

在游戏中训练宝宝的体能

【平衡游戏】

到了第5个月时，宝宝的脖子稳固后可以进行这种平衡游戏。妈妈或爸爸扶住宝宝手肘及肩膀,将卧躺的宝宝扶起来,一边哼唱“摇啊摇,摇到外婆桥……”的歌谣，一边把宝宝拉起来，通过这种游戏，可以训练宝宝的平衡感。

【球类游戏】

做滚球游戏时，可以让宝宝趴着，先让宝宝触摸一下有铃铛的球，然后把球放在宝宝的手边滚动。接着，再从稍远的地方将球滚向宝宝，甚至从宝宝身边滚过。滚动的球就会引导宝宝移动整个身体追寻球的去向；或者妈妈或爸爸先抓住宝宝的脚，让宝宝的脚被动踢球。刚开始时，宝宝肯定不会踢，不是用脚从上面蹬踩球，就是用脚踝笨拙地碰球。等宝宝把球碰出去后，妈妈或爸爸再把球用手挡回来。当宝宝看到自己的脚把球碰出去然后又弹回来的时候，一定会表现出很兴奋的样子。经过这样多次练习，如果妈妈或爸爸再把球放在宝宝的脚边时，宝宝就会自动踢球了。

教宝宝认识外界事物

到了宝宝第5个月的时候，妈妈爸爸就要有计划地教宝宝认识周围的日常事物了。妈妈或爸爸应该给宝宝准备一些色彩鲜艳、图幅较大的卡通画报，一边给宝宝看，一边讲画报上的卡通形象，如一只猫、一根香蕉等。经过多次练习后，宝宝对小狗、小猫、香蕉、灯、花、鸡等名称有了记忆之后，再教宝宝听到物名后用手指出来。宝宝语言能力发育的一般规律是:先听懂之后才能会说。所以指认物名是第5个月宝宝的训练重点。进行这种听到声音并与相应物品相联系的指认物名训练时，妈妈爸爸一定要有极大的耐心和热情。训练时，要一件一件地认，一点一点地学，一次不要同时认好几件东西，只有经过逐件物品的反复温习，才能使宝宝记得牢、认得准。

利用宝宝的好奇心进行认知能力训练

【寻找玩具训练】

由于宝宝对看得见的东西能准确抓到，尤其对新奇的东西更喜欢，妈妈或爸爸就要利用宝宝的这一特性进行寻找玩具的训练。训练时，妈妈或爸爸可将色彩鲜艳而带响的玩具从宝宝的眼前扔过，宝宝听到玩具发出的声音，并看到妈妈或爸爸把他喜欢的玩具扔了，就会随声追寻。当宝宝追寻到玩具后，妈妈就要表现出惊喜的样子，边说“宝宝真棒”，一边把玩具捡回来还给宝宝。宝宝得到妈妈的表扬后，会更加积极地寻找玩具，寻找准确度也会越来越高。

【拆装玩具训练】

妈妈或爸爸可将一只可以拼装的玩具放在宝宝面前，给宝宝玩一会，等宝宝对玩具的整体熟悉后，妈妈或爸爸再把玩具拆散，然后再装好，反复几次之后，让宝宝自己试着拼装。如果宝宝实在装不好，妈妈或爸爸就手把手地帮宝宝把玩具装好。在进行上述训练时，最应注意的是拆开的每个玩具零件，都不能小于宝宝的拳头，以免不注意时被宝宝误食而发生危险。

让宝宝辨别不同的声音

爸爸妈妈要准备好各种能发出声音的玩具，如摇铃、拨浪鼓、塑料鸭子、玩具汽车等。妈妈一手抱着宝宝，一手拿起摇铃，先给宝宝看一看，说：“这是什么呀？这是宝宝的小摇铃。”然后晃荡一下，让摇铃发出响声，说：“叮铃铃，宝宝的摇铃真好听。”妈妈放下摇铃，蹲下来，把小鸭子拿过来，对宝宝说：“这是宝宝的小鸭子，多漂亮呀！”然后轻轻按小鸭子的腹部使其发出响声。其他的发声玩具也要按照上述方法进行，让孩子辨别各种声音。对宝宝进行声音辨别训练的时候，爸爸妈妈要告诉宝宝这是什么声音，这种声音的特点是什么，并且要亲自给宝宝模仿一下这种声音。

5～6个月：让宝宝接受更多的刺激

让宝宝练习跳跃动作

进行跳跃训练时，可以继续上个月由妈妈或爸爸用双手扶着宝宝腋下，让宝宝练习脚部力量的办法。这个月虽然还是妈妈或爸爸扶着宝宝的两侧腋下，但所不同的是让宝宝站立在床上或桌上，等宝宝的双脚一接触到床或桌面时，就把宝宝提起来，并要给宝宝喊着口令，让宝宝随着跳跃。跳跃训练不仅可以使宝宝腿部的支撑力得到锻炼，同时还可培养宝宝动作和口令之间的协调能力。

训练宝宝的独坐能力

【独坐前倾】

婴儿勉强能坐，但坐不直，上身前倾，与床面约成45°的姿势。此时爸爸妈妈要给予帮助，双手扶持着宝宝腰背部，并使其手中拿一物品以协助坐直；或者在其腰四周围上一条大毛巾，拉紧使宝宝坐直，但平时不可围上东西让宝宝坐成前倾的姿势，否则时间一长容易造成脊柱的弯曲。这一动作的训练约在6个月时进行。

【独坐自如】

宝宝自己坐得很稳，能独立坐着自由玩耍，不需爸爸妈妈帮助。但在这个月，宝宝只能独坐片刻，此时爸爸妈妈应在他面前放置玩具，让他坐着玩弄玩具，以逐渐延长其独坐的时间，以后可在其左右方都放置玩具或与他一起做游戏，以引导坐着的宝宝旋转上身，左看右看。训练时爸爸妈妈要陪伴在宝宝身边，并要注意安全，不宜将其放在童车里，应在大床上或在地板上铺上软垫进行训练，这样即使摔倒也没有什么危险。

不要冷落了宝宝

6个月左右的宝宝已经有了比较复杂的情绪，高兴时，眉开眼笑，甚至手舞足蹈；不高兴时，大发脾气，甚至大哭大闹。宝宝喜欢自己熟悉的亲人，见到亲人就笑，并伸出双手要你抱一抱。宝宝还能听懂严厉或亲切的声音，当听到妈妈和爸爸亲切的声音时，就会表现出兴奋和愉快的情绪。第 6 个月的宝宝虽然不会说话，但已初步能够听懂妈妈和爸爸的话。妈妈在做什么事情之前，都应该说“妈妈要干什么什么了”。让宝宝知道你就是他的妈妈，把语音和实际结合起来，宝宝会快速学会发音，并能运用它。

同样，爸爸做什么也要告诉宝宝。这个阶段是婴儿学语言的最佳途径，仍然是爸妈多说，宝宝多听。看到什么说什么，不断反复地说，并让宝宝看见、摸到，让宝宝不断感受语言，认识事物。经常和宝宝说话，不仅不会使宝宝感到寂寞，而且可以为宝宝正式开口说话打下很好的基础，促进宝宝的早期智力开发。

这个月的宝宝非常依恋父母，一旦亲人突然离开时，他就会产生惧怕、悲伤等情绪。所以，妈爸不要突然离开宝宝，更不能怕宝宝不老实而用恐怖的表情或语言吓唬宝宝。不要让宝宝长时间坐在儿童车里，合理安排时间，让宝宝坐一会儿，然后抱一会儿或逗逗他，以免宝宝有被冷落的感觉。

及时回馈宝宝的体态语言

父母对宝宝的体态语言要认真理解、及时回馈。如果宝宝得不到反馈，时间一久，宝宝就不“说”了，不哭也不闹，这很不利于宝宝健康性格的形成。宝宝一般 6 个月大时可认识词与物的关系。你说“欢迎”宝宝会拍手，你说“再见”宝宝会摇手。这时候，就不能用体态语。“包办”太多了，要“逼”宝宝说话。宝宝要吃奶，你就反复给宝宝说“奶”，直到宝宝情急之下说出“奶”字。妈妈从宝宝一生下来就应该与宝宝说话，护理时要把宝宝当成懂事的宝宝，用儿语说，语速要慢，音调要高，句子要短而清晰，而且有音律性、重复性。

宝宝的咀嚼、吞咽训练

宝宝 6 个月大时，妈妈和爸爸就要开始给宝宝有意识地添加少量半固体食物了。会吸吮是宝宝的本能，但要学会咬一小块食物，并嚼碎后吞咽下去，就需要后天的训练和培养了。由于这时的宝宝还不会咀嚼和吞咽食物，所以当妈妈或爸爸用小勺给宝宝喂半固体食物时，几乎所有的宝宝都会用舌头将食物顶出或吐出来，甚至在吞咽时有哽噎现象。只要经过一个阶段训练，宝宝就会逐步克服上面所说的现象，形成与吞咽的协同动作有关的条件反射。在进行咀嚼、吞咽训练时，不同的宝宝有着不同的适应性的心理素质差异，所以有的宝宝只要经过数次试喂即可适应，而有的宝宝则需要 1～2 个月才能学会。

锻炼宝宝的手眼协调能力

妈妈拿一条橡皮带，约 15 厘米，一端系在桌子的边缘，另一端系上一个轻小的物品，例如一个球或一个小铃铛。在宝宝的注视下，妈妈抓住橡皮带末端的小铃铛，放手时小铃铛就会在橡皮带下跳舞摇荡。抓住宝宝的手，帮他重复上面的动作。鼓励宝宝自己伸手再去抓或拍动橡皮带末端的小玩具。这种训练方法可以锻炼宝宝的手眼协调能力，并提高宝宝的肢体协调能力。

增强宝宝的感官刺激

第 6 个月宝宝的感官正处于逐步发育成熟的阶段，所以妈妈或爸爸在训练宝宝的智力时，还要进一步增强宝宝的感官刺激。在增强宝宝的感官刺激中，听觉的感官刺激是最基本的，并且可以在日常生活中随时、随地进行。比如，当你打开电视机、热水壶响了或门铃、电话响了时，都可以用亲切而清晰的声音告诉宝宝这是什么东西发出的声音，并同时将相应的物体指给宝宝看。这样做不仅会让宝宝对声音的反应更加敏锐，而且还因你重复告诉他那些东西的名称，有助于宝宝认识和记忆更多的词汇。

为宝宝提供与他人交往的环境和机会

已经过了半周岁的宝宝还没有形成心理学上所谓的“害羞情结”，所以大多数宝宝的性格都很外向。这个月龄的宝宝喜欢接近熟悉的人，并能分出家里人和陌生人，对妈妈和爸爸之外的其他人，也会以微笑或张开胳膊等各种不同的方式表示友好。所以，要抓住这个大好时机，经常抱宝宝到邻居家去串门或到街上去散步，让宝宝多接触人，尤其要多和其他小朋友玩，为宝宝提供与他人交往的环境，并利用与他人交往的时机教宝宝一些社交礼仪，如挥手道别、道谢等。但是，也有一些宝宝怕生，见到生人时就会把脸扑入妈妈怀中，表现出害怕的情绪甚至哭闹。这些宝宝也害怕去陌生的地方，害怕接触陌生的事物，所以妈妈和爸爸要利用工作的闲余时间，多带宝宝到外面去逐渐熟悉新的环境和事物，逐步消除宝宝的恐惧心理。

教宝宝认识自己

培养和训练宝宝的认知能力，不仅要让宝宝认识身边的事物，还要让他认识自己。教宝宝认识自己的方法有好多种，下面两种比较简便易行。

【用照片教宝宝认识自己】

虽说宝宝刚刚 6 个月，但肯定照了不少相。这时，这些照片就成了教宝宝认识自己的好教材。你可以对着照片教宝宝认识他的整体形象，也可以教宝宝分别认识他的手、脚或其他部位。

【用穿衣镜教宝宝认识自己】

妈妈可把宝宝抱在穿衣镜前，用手指着宝宝的脸，并反复地叫宝宝的名字，或者指着宝宝的五官以及头发、手、脚等部位让宝宝认识。宝宝通过镜子看到你所指的部位，听到你的声音，慢慢就会懂得手、脚、眼睛、耳朵、鼻子和嘴等词汇的含义。

将宝宝的语言能力和认知能力相结合

这个月的宝宝，仍然不会说话，但已进入咿呀学语阶段，对语音的感知更加清晰，发音变得主动，会不自觉地发出一些不很清晰的语音，会无意识地叫

"ma-ma"、"ba-ba"、"da-da"。为了促进宝宝智能的全面发育，妈妈或爸爸在训练宝宝的语言能力时，应和提高认知能力相结合。在宝宝学会发出单音的基础上，妈妈或爸爸可以教宝宝发各种简单的辅音，如 ma-ma（妈妈）、ba-ba（爸爸）、gougou（狗狗）、wa-wa（娃娃）等，在让宝宝模仿发音的同时，还应指着妈妈、爸爸和玩具狗狗或娃娃，并让宝宝对号入座。

这种做法既可以使宝宝在这个月能够发出 4～5 个辅音，且还能使他们初步理解这些辅音的基本含义。接下来就可以进行听音指认的游戏。让宝宝听到"妈妈"、"爸爸"这些词汇时，不但眼睛看着妈妈或爸爸，还要教宝宝用手分别指认。也可让宝宝坐在床上，在宝宝的面前摆上玩具狗、猫、鸡等。父母如模仿小猫"喵喵"的声音时，让宝宝去拿，看宝宝能不能正确取拿。若做不到的话，父母可以拿给宝宝，并告诉宝宝："这就是小猫，它会'喵喵'地叫。"然后再模仿小狗"汪汪"，模仿小鸡"叽叽"等动物的叫声，逗引宝宝去拿相应的玩具。

选择宝宝可以自己动手的游戏和玩具

选择宝宝能自己动手玩的玩具，才能使宝宝在玩耍过程中得到更多、更全面的锻炼和收获。

【撕纸游戏】

游戏时，妈妈先选择一些色彩鲜艳的纸，然后让宝宝撕。开始时可以任意让宝宝撕，目的主要是锻炼宝宝手部肌肉的力量和手部的灵活性。玩过几次以后，妈妈可以把纸撕成三角形、圆形、方形，分别摆放宝宝面前给他看，并告诉宝宝每一个是什么图形。尽管宝宝此时还不能区分这些形状，但这个游戏既可以作为一种视觉的体验，又可以增强宝宝对简单图形的记忆储存。

【兴趣玩具】

在这个月，妈妈或爸爸应该给宝宝选择一些新颖的玩具，比如那种盒子里装着卡通玩偶的玩具，只要宝宝一拍盒子的盖，卡通玩偶就会从盒子里弹出来甚至还会叫上几声。然后，宝宝还可以把卡通玩偶按回盒子里去。这样的玩具既可以调动宝宝自己动手的兴趣，也有利于创造性思维的发育。不倒翁、一捏就响的布娃娃等也可起到上述作用。

~ Baby ~

妈妈必知的胎教早教全书